金門金女人

浯島女性臉譜書寫

陳榮昌｜著

金門縣文化局

目錄

第二篇　中女人篇

第三篇 青女人篇

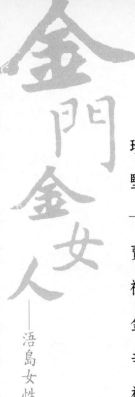

誠樸素淨的女性臉譜
——試論陳榮昌《金門金女人》

陳長慶

　　《金門金女人》是新聞記者出身的作家陳榮昌先生，繼《浯土浯民—浯島金門人的真情故事》、《傳統建築匠師臉譜》與《金門印象三部曲》之後的第四本書。即便這本書是「浯島金門人真情故事」系列報導的延續，然而，他書寫的對象卻是浯島不同年代與各個階層具有代表性的女性人物。雖然陳榮昌先生是以新聞報導的角度來書寫，與《浯土浯民》、《傳統建築匠師臉譜》亦有異曲同工之處，但若以其內容來論述，顯然地是有明顯差異的。因為，《金門金女人》書中情節活潑生動，筆端流露真情，讀者們既可把它當成報導文學來閱讀，亦可以散文鑑賞的心境來品賞，許多篇章更是上乘而不可多得的小說題材，只要稍加改寫，一篇篇精采感人的作品即可成章。而上述兩書似乎是純粹的新聞報導，故此難以喚起讀者身歷其境的真切感。從《金門金女人》書中，我們亦可清楚地發覺到，陳榮昌先生已拋棄先前的書寫方式，以清婉明麗的文學語言與新聞報導相結合，讓作品趨向自然淳美，並同時兼具深度、廣度

和可讀性。儘管方家對各種文類有不同的詮釋，讀者諸君亦有不盡相同的見解，但筆者還是認為：它是構成這本書成功的主要因素。

《金門金女人》全書分為「金女人篇」、「中女人篇」與「青女人篇」等三輯。作者以其抒情流暢的文筆，以及縝密的思維與獨樹一格的書寫方式，勾勒出四十多位老、中、青三代的女性輪廓。當我們讀完「金女人篇」，彷彿置身在爾時那個艱辛苦楚的年代，心中總會湧現出無限的感傷；當我們看到「中女人篇」那個〈暗夜哭泣的活寡婦〉與〈八二三跟人跑的董彩娥〉時，想不感動涕零也難啊！而那些從逆境中力爭上游的「青女人」，怎不教人肅然起敬。故而，我們敢於如此說，陳榮昌先生是以嚴謹的報導文學手法來構思，復以感性優雅的文學之筆來書寫，讀者們看到的似乎不只是一則報導或一個故事，而是一張張金門女性誠樸素淨、沒有經過粉飾的清麗臉譜。因此，我們不難從其中窺探出作者的用心和文采。

然而，儘管《金門金女人》是「浯島金門人真情故事」的延續，但可貴的是作者並沒有以平鋪直敘的新聞報導手法來書寫，而是以其生動靈活的文學筆觸，透過真實人物的訪談作成記錄，把島鄉女性誠樸敦厚的面貌活生生地呈現在讀者面前。書中有「金女人」的宿命和悲歡，有「中女人」的感歎和風采，有「青女人」的善良和雅致。它不僅是一篇篇感人肺腑的報導文學，也是一篇篇可讀性甚高的文學作品，更是浯鄉「金女人」的悲歌和滄桑史。如此之文本，倘若沒有深厚的文學根柢與一顆熱忱之心深入訪談，豈能把它書寫得那麼靈活逼真、生動感人。而「金女人」一詞，更是陳

榮昌先生對金門婦女的一種尊稱,設若以它輯數的目次來分別,作者所謂的「青女人篇」寫的當然是青年女性;「中女人篇」寫的則是中年女性;相對地,「金女人篇」寫的必是上了年紀的老婦人。但是,作者並沒有以庸俗粗淺的「老女人篇」來區分,而是賦予一個既典雅又莊重的「金女人」。「金」除了代表金門外,也是「真」字的諧音,更能凸顯出金門婦女刻苦耐勞、勤儉持家,不向命運低頭的韌性。故此,無論是「金門金女人」或「金門真女人」,都是對金門女性的尊崇。以「金門金女人」為書名,更是對島鄉婦女與文中諸女士的敬意。

　　「金女人篇」從〈守樓半世紀的陳清〉、〈洪甜桃的針線情〉、〈愛唸歌的楊黃宛〉……到〈「后垵醃菜脯,賢聚巡田圃」的林泡〉與〈百歲人瑞羅方快〉等共計十七篇。篇篇都是不同情節的獨立單元,記錄老一輩的「金女人」,不向現實環境低頭、不屈服於命運的真實故事。在〈守樓半世紀的陳清〉這個篇章裡,作者以優美感性的文學語言作為開端,敘述一位守樓半世紀的老人心境:「清晨五點,金門城老街的石板路上,還留著隔夜的水氣,九十一歲的老阿嬤陳清拾級而上,推開烙印著七十餘載歲月的斑駁門面,讓晨曦灑進略帶霉味的老洋樓,又開始這一天與它的心情對話。」陳清老阿嬤二十二歲當了黃天佑醫生的繼室,三十出頭成了獨守這棟洋樓的寡婦,牆上泛黃面容模糊的相片,是守樓老人內心永遠的悲痛。近六十年的寡居歲月,並非是一個短暫的時光,又有什麼能彌補她心靈上的空虛和寂寞?這不僅是陳清老阿嬤心中的傷痛,也是爾時不幸失去另一半的「金女人」的宿命。因為遭受

此一命運的「金女人」，大部分都背負著傳統的包袱而守寡終身。
作者以：「金門城明遺老街低矮的古厝，擠壓著黃昏前最後的一點
餘光，伴隨著島鄉的陣陣晚風，沉沉地吟唱著老街洋樓半世紀清
冷。」短短的幾句話，就如同是一首意象分明的散文詩，把年久失
修的洋樓與寡居老人的心境詮釋得恰到好處，讓讀者意會到故事的
真，感受出文字的美。

　　閩南語的「新婦仔」也就是俗稱的「童養媳」。爾時在這座島
嶼，可說每個村莊或多或少都有把自己的女孩送人做新婦仔，或是
收養別人家的女孩來做新婦仔的情事。但新婦仔也不盡然全是童養
媳，即使有與自己的孩子配對成功而送作堆「做大人」（成婚）
的，亦有當成自己親生女兒長大後讓她嫁人的；而無論家裡從事的
是何種行業，「飼新婦仔」最大好處就是多了一個得力的好幫手，
大凡洗衣、煮飯、做家事或照顧弟妹，都是新婦仔日常的工作。倘
若遇到好的養父母，大都會視為己出，「心肝命命」般地疼惜，萬
一不幸遇到類似「晚娘」的「惡婆婆」，則會遭受到百般的凌虐和
「苦毒」。同樣是新婦仔，命運卻大不相同，的確是各有各的造
化、怨不了誰。然而作者筆下的〈媳婦仔李富〉（「媳婦仔」正確
寫法應為「新婦仔」），卻是深獲養父母「非常疼愛」的幸運兒。
養父是「法師」，生了十四個孩子，又養了四個新婦仔，而不幸
其親生子女卻──早夭，因此對四個新婦仔疼愛有加，李富實在是
「好新婦仔命」。但是她也相當「起工」，因為養父母膝下無子，
當她與頂堡翁水性結婚後，除了孝敬公婆外，亦同時奉養養父母，
可說是「雙頭顧」。作者在這一篇章，雖以人性的角度來詮釋，

但也透過李富老阿嬤，為讀者敘述一段島鄉歷史。從日據時代、八二三砲戰到駐軍裁撤……，她訴說的，似乎已不再是昔日浯島的榮景，而是老人家近一世紀的悲傷歲月和逝水年華。

〈三寸金蓮林洪蔭〉、〈纏足董玉意〉與〈小金門繡花鞋陳林蔭〉三篇，均與女子綁小腳與三寸金蓮繡花鞋有關（「綁小腳」也就是我們俗稱的「縛跤」）。首先作者以：「白色的裹腳布，纏住了昔日傳統女子的青春，也纏劃出父權社會下的男人王國。層層裹腳布，裹出可供男人一手掌握把玩的三寸金蓮。被扭曲了的肉體，代表又一具被馴服的靈魂。」來詮釋爾時女性「縛跤」的經過和無奈。短短的幾句，不僅是最貼切的描述，也讓我們很快地聯想到，古時足蹬三寸金蓮的婦女，鞋尖從長裙底下若隱若現，走路時裙釵搖曳生姿，展現出中國傳統女性的古典美。然而，又有誰能體會到她們纏腳時的苦痛？如今小腳已變成大腳，三寸金蓮亦由各式各樣的高跟鞋取代，曾經收藏了一萬多雙三寸金蓮的柯基生先生指出：「纏足是千年來影響婦女最大的時尚，影響整個社會的價值和審美觀，解纏足運動則是影響婦女最劇烈的一次革命。」柯先生的一席話，除了與陳榮昌先生相呼應外，也道出了纏足與解纏足兩個不同時代女性的心聲。讀者們更能從〈小金門繡花鞋陳林蔭〉這個篇章裡，看到陳林蔭老阿嬤製作三寸金蓮繡花鞋的技藝。她熟練地先做布底，再繡鞋面、鑲金線，復將鞋底與鞋面縫合，然後釘上鞋跟始告完成。然而一雙三寸金蓮繡花鞋的完成，不僅僅是老阿嬤的手藝好，其一針一線更是她心血和智慧的結晶。作者寫著：「小金門上林村屬王爺宮旁的龍眼樹下，總會看到九十五歲的陳林蔭，靜坐在

躺椅上，用爬滿皺紋的巧手，一針一線地刺繡出花色艷麗的三寸金蓮，細細描繪著絲緞花布下，屬於她的那段過往年華。」這是一段多麼感性的表白啊，也是陳林蔭老阿嬤此生最好的寫照。陳榮昌先生清麗流暢的文筆，復加生動傳神的描述，的確讓我們驚歎不已。

〈洪甜桃的針車情〉作者開頭即以：「針車伴伊一世人。一具老式的手搖針車，搖出逾半世紀島鄉女子的心情故事。」來敘述洪甜桃十八歲嫁給同村的蘇媽川，而婚後才四個月，丈夫便「落番」遠赴馬來西亞討生活。想不到幾年後丈夫因病住院，卻與看護日久生情、結成夫妻，最終則客死異鄉。於是洪甜桃以一台丈夫生前從南洋帶回來的針車，為阿兵哥「車綁腿」，幫村人「做衫褲」，賺取微薄的工資貼補家用，獨力撫養兒女、孝敬公婆。像洪甜桃女士這種故事，島鄉可說不勝枚舉，這似乎也是她們的宿命。然而，儘管洪甜桃的命運坎坷，但因為女兒早婚，三十七歲即做了阿嬤，同時，丈夫在馬來西亞與「細姨」所生的孩子，除了來金相認對她孝順有加外，每年都會從僑居地返金探望她，讓她備感窩心。坦白說，在現實社會的使然下，在「大娘」與「親娘」的糾葛中，能展現如此風度與孝心的子女倒是少見，這或許是洪甜桃女士前世今生修來的福份吧！

〈張淑賢溫州夢遠〉的故事更是曲折感人。「行船」的父親帶著母親、小弟以及五歲的張淑賢，從溫州來到后浦東門小住。因母親身體不適，復加盤纏不足，張淑賢被留下送給周家做「新婦仔」。雖然她嚎啕大哭百般不願，但父母和小弟都已走了，只好擦乾眼淚認命。幸好周家女主人待她如己出，始讓她忘卻離鄉背井的

辛酸與孤寂。然而好景不常,當她十七歲嫁給南門一個土名叫「許糖」的男人時,往後的日子卻是她人生歲月的一大轉折,除了連生二男五女,復加公婆、小叔和小姑,一家十餘口僅靠幾塊旱田過活,加上原本的「慘底」,經常有一頓沒一頓的,生活相當清苦。作者除了敘述張淑賢女士坎坷的一生外,也道出一位九十八歲老阿嬤的心聲:「親生父母的容顏已模糊,回家的路也不復記憶,她不記得故鄉人,故鄉親人對她也毫無印象,即便相逢,亦不相識。想著想著,髮蒼齒搖的張淑賢又惘然了⋯⋯。」而〈異鄉人楊陳瑞吾〉與〈張淑賢溫州夢遠〉雖有不一樣的命運,然其旨趣卻是相同的。張淑賢知道自己是溫州人,但民國四年出生的楊陳瑞吾,籍貫何處卻一無所知。她是被家人裝進籮筐裡,由哥哥用扁擔挑著從大陸渡海來金門,賣給金城北門一戶人家做「新婦仔」;從此之後像株失根的蘭花無所歸依,更像顆油麻菜籽隨命運擺弄,最終成為島的女兒。落寞時,難免會想家、想親人,但又不知該將鄉愁寄往何處。即便她們前半生都過著含辛茹苦的日子,而後半生則享受著含飴弄孫、幸福美滿的生活。這似乎也是島鄉諸多老年人共同的宿命和記憶。作者能走遍各村落,加以發掘、整理和書寫,試圖為「金女人」留下一個完整的紀錄,其用心可見一斑。

在「金女人篇」這一輯裡,〈愛唸歌的楊黃宛〉是較輕鬆的一篇。一位八十五歲高齡卻又沒有唸過什麼書的老阿嬤,竟能憑著自己的興致和記性,唸起俗諺俗語和歌謠,甚至還能以時事為背景,自編自唱、自娛娛人。作者在介紹楊黃宛老阿嬤時曾說:「一曲歌謠,就是一頁歷史、一段往事。」實不為過。然而,受訪者已年屆

八十五高齡，無論她知道多少或能唸出多少，倘若不把握住機會盡速地加以整理、紀錄，一旦良機失去勢必讓人感到遺憾。這是浯鄉作家與文史工作者必須共同體認的事實。雖然陳榮昌先生僅只紀錄了九則，並不厭其煩地加以解說，但在筆者的感受中，一曲歌謠何止是一頁歷史或一段往事，簡直是一個動人故事的縮影。例如：從沒有娘家庇護的大陸婢女（俗稱的「查某嫺仔」），到出洋（落番）前離情依依的心境；從抽中壯丁的無奈，到國共對峙、腥風血雨向浯島席捲而來的情景……等等，作者均能以老阿嬤的歌謠為依據，做了極詳細的詮釋並完整地記錄下來。或許，目前尚感覺不出它的可貴，然而一經歲月的真光照耀，便能彰顯出它的歷史價值。而唯一美中不足的是閩南語轉換成國語方面，有少部分文字作者並沒有以正確的閩南語來書寫，僅以它的語音來替代。比方說：「賭博母，餓死子；賭博嬤，漲死孫」若依《閩南語辭典》來解釋，其正確的寫法應為：「跋筊母，枵死囝；跋筊嬤，脹死孫」，雖然陳榮昌先生如此寫法多數讀者均能領會，但我們還是冀望他往後在閩南語字詞的書寫上能多費點心思；既然有《閩南語辭典》作為依據，就必須多花點時間去翻閱，而後加以運用，讓作品趨於完美的境界。除非電腦找不到的字，再以同音字來替代，或許較為妥當。

　　第二輯為「中女人篇」，收錄〈金門第一位女將軍傅晴曦〉與〈蘇星輝辦教育開創一片天〉等八篇作品。首先，作者打上金門也有「女將軍」的問號，其實傅晴曦女士並非軍校科班出身，其「少將」軍階係由宋美齡女士建議，蔣總統所賜，因而始有「女將軍」的美名。作者是依據傅子貞老師所言，作以上的表示。然而，我們

姑且不必去管傅晴曦「少將」官銜的來歷，其出眾的才華卻是千真萬確的。作者說：「人生，是一幕幕不斷流轉的風景，總要在幕落人去後，才感覺得到它的真實。」這幾句話對於終生未嫁、把青春奉獻給黨國的傅晴曦女士而言，確實是最好的寫照。雖然她與〈辦教育開創一片天〉的蘇星輝女士是兩個不同時代的典型人物，但她們非凡的成就，以及充滿著光彩亮麗的人生，將同時在這座歷經戰火蹂躪過的島嶼，留下一頁可歌可泣的篇章。

在〈暗夜哭泣的活寡婦〉這一篇章裡，作者透過主角的女兒楊月女士，來敘述這個讀來令人動容的故事。儘管「落番」的故事在浯島稀鬆平常，甚至「金女人篇」裡也曾出現過好幾篇，但由女兒來詮釋母親的故事則是首次。一個年輕貌美、知書達禮，出身大戶人家的女孩，在與大她十歲的男子結婚、生下女兒二個月後丈夫又重返僑居地，而一去竟是半世紀。小時候女兒最深刻的記憶，就是夜裡在母親的啜泣聲中睡去。往後的歲月，母親的淚眼替代了歡顏。於是她經常想著：「人生的意義是甚麼？母親守貞一輩子的價值又何在？」她的母親的確是一個不折不扣的活寡婦。而今老阿嬤年逾八旬，受屈的青春心靈此生已難平復，昔日暗夜的啜泣聲，或許只有老天爺聽到……。當我們讀完這個篇章，敢於如此地說，倘若陳榮昌先生沒有投入深厚的感情、沒有一枝輕靈華麗的文筆，即便它是一個真實的故事，也難以把它描寫得那麼生動感人。

〈八二三跟人跑的董彩娥〉、〈就是這個洞──蔡金魚〉與〈李淑卿情定八二三〉等三篇，作者欲表達的，是國共對峙時島民的悲歌和無奈。雖然無情的砲火摧殘了我們的家園，但亦有少數因

戰亂而成就的良緣，這些情事對老一輩的鄉親而言，可說耳熟能詳，當他們看到這些篇章，想必會勾起無限的回憶。即便有些島民仍活在戰爭的恐懼與陰影中，但無情的戰爭已遠離這塊土地，隨著大、小三通的啟航，兩岸已同響和平的鐘聲。或許，爾時的深仇大恨勢必會隨著時序的更迭逐漸地從人們的記憶中消失。但願這種人類最殘酷的悲劇，永遠不要發生在這座蕞爾小島上，讓曾經被砲火蹂躪過的島民，能過一個清平、快樂的美好時光。

〈胡璉長媳楊心儀愛在金門〉是較特殊的一篇。因為，楊心儀女士並非「金女人」，作者把這篇文章收錄於此書，初看時似乎有些不搭調。然而，如果以另一個層面來說，身為金門「恩主公」胡璉將軍長媳的楊女士，與金門這塊土地顯然地有血濃於水的深厚感情。除了延伸自胡璉將軍與金門的淵源外，我們亦可從胡之光教授退休後，夫婦倆選擇在金門這座島嶼定居看出一些端倪。更可意會到他們夫婦延續胡璉將軍對金門之愛的另一種展現。因此，作者把她歸類於「金門金女人」或許並無不妥之處。

倘使以年齡來區分，第三輯的「青女人篇」，有部分是可以把她們歸類在「中女人篇」裡，因為在十七位青女人中，六十歲以上者就有好幾位。或許，作者在做如此區分時，想必有其正當的理由，我們沒有必要做無謂的要求。首先，陳榮昌先生以〈金門縣信用合作社初創與成長見證者鄭碧珍〉來介紹把青春歲月奉獻給金信的鄭碧珍女士似乎並不為過。一位服務同一單位達三十七年九個月，從最基層的助理員幹起，並歷經不同職務而後擔任十餘年總經理職務的金信老員工，的確是該社成長的見證者。從陳榮昌先生的

專訪報導中，鄭女士除了嫻熟金融法令外，並以理論與實務相結合，其總經理任內於國內三百零六家基層金融機構中，綜合百分排序為十七名，把金門信用合作社的業績，提昇到一個前所未有的境界。即使她把這份榮耀歸功於全體同仁，但凡走過的必留下痕跡，金融史上勢必會記上這一筆的。然而，在現實環境的使然下，又有多少員工會懷念這位尚未屆齡、卻提前退休，並曾經與他們共同打拼的老伙伴？

　　〈金門播音站女播音員許冰瑩〉與〈大膽島的女播音員〉是兩篇題材較接近的作品。作者透過當年擔任播音員的許冰瑩與李藍兩位小姐，為讀者敘述爾時播音站鮮少人知的內幕情景。金門前線的四個播音站，其最主要任務，平時是為緩和兩岸緊張情勢，戰時則結合防衛作戰，發揮戰場心戰喊話之功效，是正面打擊敵軍士氣，號召共軍陣前起義，最直接、最具體、也最具成效的一種戰地心戰戰術。在兩岸軍事對峙的年代，就金馬外島地區之戰略而言，不可輕忽心戰喊話之普世價值與其具有的影響力。然而，當兩岸軍事逐漸和緩人民開始互動時，心戰喊話已無實質之意義。民國九十年十一月，大金門的馬山與古寧頭，小金門的湖井頭與大膽等四個播音站同時走入歷史。島民再也聽不到播音員：「親愛的大陸同胞們」或「親愛的共軍弟兄們」那種清脆悅耳的聲音……。當我們看完這一篇章，總的印象是，陳榮昌先生透過專訪後，無論是播音站人員編制和設備，或是播音員日常生活起居和作息，以及大膽島上的傳奇故事等等，都做了極其詳實的記載，絲毫沒有誇大其詞，讓讀者感受到那份真、那份實，並

同時撩起他們塵封已久的記憶。這些足以讓人產生共鳴與回顧的篇章，似乎也是《金門金女人》書中共同的優點，讓讀者們閱後有身歷其境之感。

〈藝術家美「眉」——許玉音〉、〈生命的流浪舞者陳則錞〉、〈參展金門碉堡藝術節的女詩人歐陽柏燕〉，她們都是當今活躍於浯鄉的藝術家、攝影家和詩人。許玉音小姐除了是畫家外，也同時擁有一手紋眉的好工夫，她曾以「無形之心，呈露於有形之面」與「睛如秋水，不富也貴」為「眉」和「眼」下注腳。而喜歡從水中倒影看世界的陳則錞小姐，則是「看水中倒影以為是假的，但其實也是真的」來詮釋她的思想世界。寫詩、寫散文、寫小說又兼具畫家與裝置藝術家的歐陽柏燕小姐，的確是多才多藝。她為了心中的愛與和平，除了以詩彩妝碉堡外，並以「戰爭是無情的，人民是無辜的，和平是無價的；不是金門人，不曾在金門打過仗，是無法真正認識金門」來表明她對這塊土地的愛和認同。詩人的一席話，道出多少鄉親的心聲；陳榮昌先生詳實的報導，蠕動了多少島民的淚珠。試想，如果作者對藝術與詩歌沒有一點概念的話，焉能作如此深入的描述和報導？這與他本身的學養以及平日汲取的知識是有很大關聯的。因為，倘若沒有付出辛勞的代價，豈能輕易擷取甜蜜的果實。

〈珍香餅店，母女傳香〉、〈堅持「古早味」的小籠包老闆洪進治、王明麗〉、〈賣蚵嗲的楊秀珍〉（「蚵嗲」應為「蠔炱」）、〈祖傳滿煎糕——李素貞〉（「滿煎糕」應為「滿煎炱」）等四篇作品均與金門傳統糕餅與美食點心有關。然而從上列

各篇來看，作者想書寫的不僅僅只是傳統小吃和小點心的做法和經營。即便這些傳統美食能滿足鄉親的脾胃、豐富島民的記憶，然而，陳榮昌先生欲表達的最終目的，是展現金門婦女刻苦耐勞、分工合作、源自傳統、傲視現代的韌性和精神。無論「珍香餅店」母女檔呈露的是祖傳餅鋪的紮實工夫，或是想重溫母女聯手做糕餅的兒時記憶；「進麗小籠包店」堅持不用機器、不用發粉，用手和麵，保持古早家鄉味；楊秀珍賣的「蚵炱」已是祖傳三代，且皮薄餡多、口味道地；李素貞的「滿煎炱」源自曾祖父，迄今已有七、八十年歷史，外皮軟Q（「Q」依《閩南語辭典》解釋應為「飪」，亦即「食」與「丘」合成一字。惟電腦大易輸入法並無此字根，如欲正確寫法，必須造字），內餡香甜，其滋味讓人難忘……等林林總總都有極其細微的描述，讓讀者們閱後能領會到其作品的精粹和美妙。

　　讀完《金門金女人》，即使筆者不能針對書中每一篇作品詳加分析和探討，但綜觀上述，陳榮昌先生記錄的，除了是浯鄉誠樸敦厚的女性臉譜外，也是地區第一本以女性為書寫對象的文本。作者以其華美流暢的文筆，把老、中、青三代的「金女人」，無論是她們悲傷多舛的命運，或光彩優雅的一面，都有深微細膩的描述，讓人閱後有暢達詳盡、情態逼真之感。從陳榮昌先生近期的作品中，我們亦可清楚地看到，他已尋找到屬於自己心靈情志的創作方向，繼而樹立一個獨特的書寫風格，《金門金女人》乙書就是一個活生生的例子，讀者們不僅能從其中看到真人真事的情感美，亦可看到他別具一格的語言美。而更讓我們感到訝異的是，作者大學讀的是

「淡江」機械系，研究所是「政大」東亞所，「廈門大學」博士班主修的則是廣告傳播，認真說來與文學並沒有太大的淵源。可是，陳榮昌先生除了出版上述各書外，並曾榮獲「浯島文學獎」（散文類）與「時報文學獎」（鄉鎮書寫類）的肯定。他能有此亮麗的成績，除了平日對文學的執著與熱愛外，或許與其多年來在新聞媒體領域裡，練就一身不凡的書寫功夫有關吧！真是應和了「只要工夫深，鐵杵磨成繡花針」的俗諺。放眼浯鄉中生代作家，又有多少人的文采能與其相媲美？我們期待「金門金女人」過後的「金門金男人」，好為我們後代子孫，留下更多值得傳誦的篇章。

　　誠然，《金門金女人》並非是一本經典之作，亦非陳榮昌先生最滿意的作品，但是，我們看到的是一位作家的用心和毅力，我們領會到的是他筆下堅忍不變、善良優雅的女性情操，以及他長年對人文的關懷、社會的關照。不可否認地，金門女人歷經夫婿落番、戰亂流離、砲火煙硝、戒嚴軍管、戰地政務……等種種磨難，承受著心靈與肉體的雙重苦痛，而她們並沒有屈服於命運，亦未曾向惡劣的環境低頭。回顧在那個兵馬倥傯、烽火連天的苦難歲月，她們依然得冒著砲火的危險，或上山耕作、下海撿螺，或洗衣燒飯、餵養家畜，無怨無悔地扛起一家大小的生計，把女人一生最寶貴的青春歲月，義無反顧地奉獻給家庭和子女，其偉大與賢淑的母性特質，不管與任何地方女人相比，絕對有過之而無不及，可說是堅韌母島最好的寫照。尤其身處以男人為主的傳統社會，我們很難得可以仔細端詳她們誠樸素淨的容顏，很少有機會可以傾聽她們源自心

靈深處的聲音。在爾時金門綿延的歷史記載中,她們的面貌彷彿隔著一層薄紗、模糊不清,她們的言論鮮少受到重視、近乎無聲,金門的確欠這些為家庭犧牲奉獻的女性一個公道或一聲抱歉。

　　作家陳榮昌先生憑恃其不屈不撓的精神與不可搖奪的定力和文學素養,利用之前在《金門日報》擔任採訪主任的機會,去挖掘這些被忽略的小人物,去探訪不同領域的女性鄉親或已退職的婦女朋友,而後全神貫注聆聽她們一句句誠摯的心聲,側耳細聽一個個感人的故事,復以嚴謹暢達的文筆逐字逐句地書寫成章,為這座昔受朱子教化,夙有海濱鄒魯之稱的島嶼留下彌足珍貴的篇章,確實值得肯定和敬佩,我們應該給予熱烈的掌聲。相信《金門金女人》這本書的出版,除了能讓海內外鄉親與華文界讀者們對金門女性多一番瞭解外,亦有它不凡的深長意義和廣為流傳的普世價值。我們謹以一顆虔誠之心,為浯島誠樸素淨的「金女人」致敬,也同時為這片孕育我們成長的土地祈福!

　　原載二○一○年四月二十九至三十日《金門日報‧浯江副刊》

第一篇

金女人篇

守樓半世紀的陳清

　　清晨五點，金門城老街的石板路上，還留著隔夜微涼的水氣，九十一歲的老阿嬤陳清拾級而上，推開烙印著七十餘載歲月的斑駁門面，讓晨曦灑進略帶霉味的老洋樓，又開始這一天與它的心情對話。

　　在金門城明朝老街上，破舊的傳統閩南古厝排列成行，街尾的老洋樓，充滿異國風情的建築外觀，成了老街上獨特的一景。

　　雖然只有一層樓，但挑高的空間，讓老洋樓顯得氣派。正門前是有著「突龜」的長廊設計，五根大圓柱，擎出的是屬於這戶人

家的大氣。正廳挑高，左右各有一間房間，往後廳，左右也各有客房，後廳之外，則是個地勢下凹的後院，右邊有間廚房，左邊有欅頭。

民國五年出生的陳清，用抹布輕拭一夜的塵土，在正廳右牆前停了半晌，牆上掛了幾張早已泛黃，面容有些模糊的相片。「這是我先生黃天佑，那是『大某』」陳清指著牆上的照片，那是老公與「大某」（原配）落番新加坡時所照，陳清指著剪了一頭清湯掛麵頭髮的年輕女子說：「這是我」，照片中的女子面龐清麗，年約二十。陳清抬起頭撫著相片，輕嘆口氣。

陳清是陳坑（成功村）女兒，父親陳戽、母歐氏，家裡還有一個哥哥、一個弟弟、三個妹妹。陳清是長女，十歲時，哥哥便落番到馬來西亞打拼，身為長女的她，要幫務農的父母，因此，沒機會唸書。二十二歲時嫁給家住金門城的老公黃天佑當繼室。

耳朵有些重聽的陳清表示，先生黃天佑與鄉人一樣，年輕時經鼓浪嶼前往新加坡，在新加坡跟著來自鼓浪嶼的林文慶醫生學醫，學成後到陳嘉庚橡膠園當管理。與曾在鼓浪嶼當助產士的「大某」結婚後，二十九歲返回金門定居，住進民國二十二年蓋好的這幢金門城一四八號洋樓。

陳清指出，「大某」也是金門出世，跟著家人到新加坡，與先生結婚後，才又返金。黃天佑返回金門後，以行醫為業，原本在模範街租屋看診，後來才搬回金門城洋樓，在一樓正廳為鄉人行醫。返金三、四年後，「大某」因病去世，一年後，黃天佑再婚，與她成親。

　　陳清說，先生的醫術不差，會幫人「開刀、開手」，搬回金門城後，生意還不壞，那時金門的醫生不多，她依稀記得的有「李榜安」、「永光陳」二位。但沒幾年，黃天佑因腸炎過世，過世時才四十一歲，留下她與三子一女相依為命，陳清表示，先生黃天佑賺的錢都存在廈門鼓浪嶼的華僑銀行，大陸變色、銀行倒閉後，存款變成廢紙，母子只能靠著幾塊田地出租，每年再由佃農處分一點農產度日，就這樣將孩子拉拔長大。

　　因為老洋樓年久失修，下雨便會漏水，陳清的長子黃添才在洋樓旁又蓋了間新式住宅，黃天佑過世時，才三歲的他，對父親沒多大印象，已自金門酒廠退休的黃添才，只希望政府能補助整修老洋樓，以免坍塌。

　　先生黃天佑過世時，陳清只有三十歲出頭，守了逾半世紀老洋樓的她歎息道，以前生活艱苦，現在有「老人錢」可領，日子較快活了。但問起過往，她總是搖搖頭，「不說了，講這些沒有用」。說罷，輕輕關起洋樓的木門，打著赤腳，緩緩橫過老街，到對面的廚房準備晚餐。

　　金門城明朝老街低矮的古厝，擠壓著黃昏前最後的一點餘光，伴隨著島鄉的陣陣晚風，沉沉地吟唱著老街洋樓的半世紀清冷。

（2007/02）

「媳婦仔」李富

　　雖然從小就送給人當「媳婦仔」，但養父母非常疼愛，讓九十二歲的李富，如今回想起來都覺得感恩。閒來無事，耳聰目明的她，最喜歡繞著村子快步運動，而她快手快腳的身影，也成了頂堡村中，令人印象深刻的一景。

　　李富，古寧頭女兒，父親人稱「甘叔」，母親是頂堡人。由於家貧，出生不久，就送給養父母當「媳婦仔」。養父家住下堡，是當地知名「法師」，有不少徒弟跟前跟後，跟著學藝。

養父母連生十四個孩子，也養了四個「媳婦仔」，親生兒女卻不幸——早夭、過世，因此，對她們這些「媳婦仔」相當疼愛。

十八歲，李富嫁給下堡翁水性，因為養父母膝下無子，李富與翁水性「雙頭顧」，孝敬公婆外，也要幫忙奉養養父母。李富共生了八個小孩，雖然家境不算寬裕，「安茲」配「豆細」、「鹹菜」，就是一餐，但因丈夫一直留在家鄉，並未隨親友落番下南洋，因此，夫妻倆相互依靠，生活倒也無慮。

抗戰期間，頂堡祖厝內有不少日軍進駐，李富回憶當時的情景表示，日軍還算有禮，有時來家裡借「腳桶」，歸還時還會送塊沒洗完的肥皂，表示謝意。丈夫與鄉人去幫日軍載東西時，對方也會準備壽司之類的食品，讓大家充饑。

「金門是佛地！」李富相信，因為金門有佛祖保祐，所以才能在敵軍鐵蹄下，平安無事。

民國四十七年八二三砲戰爆發，丈夫卻在戰役前三個月過世。李富帶著兒女開挖防空洞避難。還好大兒子已成人娶媳，減輕她不少負擔。

國軍撤守金門後，因為部隊駐紮，頂堡村人氣漸旺，金西戲院建成後，村子裡更是熱鬧。李富記得，那時候，白天、晚上都有放映電影，一天演個二、三場，看一場戲要價二元，有不少鄉親由金門各地趕來看電影，一票難求下，有的人甚至還要拜託阿兵哥幫忙買票，才進得了戲院。「梁山伯與祝英台」等黃梅調電影，是較常播映的片子，也是她至今仍有印象的幾部戲。

　　由於來往人多，生機處處，大兒子也在戲院對面住家，開起「柑仔店」，賣酒、飲料、雜貨等。

　　可惜風水輪流轉，部隊撤的撤、走的走，如今的金西戲院，除了偶有講習外，早已人去樓空，偌大的戲院現址，映照著頂堡村昔日的榮景，訴說的是李富近一世紀的逝水年華。

　　不識字、不打牌，最大的娛樂就是做幾件唐衫，自己穿也度日子。空閒時，體力還不錯的她，習慣到菜園裡種些蔬菜瓜果，消磨時間。

　　晨起、黃昏時分，總會以小快步方式繞著頂堡村活動筋骨，「阿祖，老康健喔！」李富笑笑地揮揮手，繼續快步走，一圈、兩圈、三圈……一年、二年、三年……。

（2007/02）

「有性命的呷白米，沒性命的呷槍子」
——小金門方堃

　　「有性命的呷白米，沒性命的呷槍子」，從烽火中走過九十五載歲月的阿嬤方堃，總能以更坦然的態度，面對生命中的風風雨雨。

　　方堃是小金門后頭女兒，因為家貧，才出生三天就送給后頭人家當「媳婦仔」，公公落番，下南洋討生活，婆婆依親娘家，命苦的她，五歲就要幫忙做家事，十歲就下田耕種，方堃記得，婆婆生小叔時，她還要幫忙洗尿布。

丈夫蔡振德十六歲時，跟著親人到馬來西亞打拼，二十歲返金，與十六歲的方堃結為夫妻。

生下兒子後，為躲避抓壯丁，又返回馬來西亞，一去七年毫無音訊，日本侵佔金門後，返金短暫探視，便一去不回。

方堃表示，公公和丈夫都落番未回，她帶著七十多歲的婆婆，以及四歲的大兒子、二歲的二兒子，在金門艱苦度日。

三十六歲時，丈夫客死異鄉，為求心安，她後來還遠赴馬來西亞，到丈夫墳前祭拜、求神問卜，知道丈夫在陰間有娶老婆後，這才放心返金。

因為心臟阻塞，方堃一度徘徊於生死門前，之後，便發願信佛，終生茹素。

人稱「堃婆」的方堃表示，人生說來可笑，早年沒得吃，「蔥頭炒鹽」便打發一頓，現在有得吃，卻無福消受，想想，還有甚麼好計較、看不開的？

方堃指出，丈夫長年下南洋，她隻身帶著二子，生活最難熬；而歷經多次戰役，則讓她永遠難忘。

民國二十六年，日軍登陸金門，日本兵進入小金門，雖然生著病，方堃撐著身子，帶著二個分別才四歲、二歲的孩子爬過山坡，逃往祖厝後的山間躲藏，她印象依然深刻，日軍達達地肅殺踢步聲，讓她至今惡夢連連，想來就打哆嗦。

民國四十三年九月三日下午三時，中共炮擊大小金門，半日間，匪砲射擊達八萬七千六百餘發，是為「九三砲戰」。

民國四十七年八月二十三日下午六時三十分，共軍駐紮福建沿海

砲兵部隊，突然向金門實施瘋狂砲擊，四十四天的砲戰中，共軍向金門島濫射四十七萬四千九百一十發砲彈，平均每平方公尺土地落彈四發，造成民眾死傷慘重，即是世人所稱的「金門八二三砲戰」。

想起這兩次砲戰，鄉民無處可躲，叫天不應、叫地不靈，只能聽天由命的無奈，方堃不免為生命的渺小無常覺得悲哀，能度過重重烽火，她認為是村裡的「九天玄女廟」較興的緣故，所以，房子、天井、高粱田都被打得唏里嘩啦，但村民都沒人受傷、轉危為安，因為自覺是上天憐憫，命是撿來的，因此，方堃看淡一切，笑對人生。

方堃不識字，卻會唸歌，也會唸經，她笑說，她用的是以圖代字方式，別人看不懂，她卻一目瞭然。

數十年的生活磨練，百病成良醫，讓她成為村子的「先生嬤」，小嬰兒生病、受驚嚇時，帶來讓她看看，總能神奇轉好，另外，她也會看手相，推拿手筋、肚子。

民國一年出生，現在已高齡九十五歲的方堃，身體還很硬朗，雖然曾經因白內障開刀，不過，方堃笑說，她眼睛還很「金」，有小販賣她東西貴了十元，她索討後，小販見她年紀大，想以五元硬幣充當十元矇騙，一眼就被她識破，讓小販也不由得稱讚她「目睭真金」。

方堃對現在的生活、社會福利很滿意，不會打牌的她，最喜歡到村子裡串門子，個性開朗的她，比較在意的是自己的「面皮卡黑、有黑斑」，不過，她還是看得開，因為，「健康就好」。

（2007/02）

三寸金蓮林洪蔭

　　后浦東門菜市場，偶而可看到九十五歲的林洪蔭，踩著三寸金蓮，來回遛達。有時被眼尖的觀光客瞧見，總會發出驚嘆，搶著拍照留念。

　　九十五歲的林洪蔭，小金門青岐人，父親洪禮樂、母親林奎，林洪蔭是長女，家裡還有兩個妹妹，不過，妹妹並沒有綁小腳。為了家計，唯一的弟弟落番下南洋做工賺錢，剛到異地時，還有寄錢回金，後來生活狀況不好，也就沒再寄，最後魂歸異域。

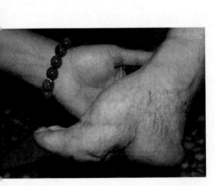

金門金女人——浯島女性臉譜書寫

旁人好奇林洪蔭腳下的三寸金蓮，總要她脫下繡花布鞋，一探究竟。但想起綁小腳的往事，她卻一肚子心酸。

白色的裹腳布，纏住了昔日傳統女子的青春，也纏劃出父權社會下的男人王國。

層層裹腳布，裹出可供男人一手掌握把玩的三寸金蓮。被扭曲了的肉體，代表又一具被馴服的靈魂。

肉體和心靈的苦痛，筆墨無法形容，為了怕年僅七歲的林洪蔭，受不了纏足之苦而偷偷解開裹腳布，嚴厲的祖母總會於夜半時分突擊檢查，怕精心雕琢的未來希望稍有閃失。

裹腳布不通風，有時腳底會引發爛瘡，父母只能用鹹菜葉將發爛的雙腳包裹住，達到消毒療傷的效果。三寸金蓮慢慢成形，裹腳布裹出女人們有限的天地，林洪蔭說，因為七歲起便綁小腳，所以，成長的過程，她大都只能待在家中，幫忙補網。

二十歲時，林洪蔭嫁給小金門西路村的表哥林何，婆婆就是自己的姑媽。結婚後，長女因故夭折，又生獨子林成。丈夫林何身體不好，婚後五年，獨子林成約三歲大，丈夫便因病過世，年約三十。少了丈夫依靠的林洪蔭，為了養育孩子，只好硬著頭皮下田耕種，挖地瓜葉佐餐，這些成了當年生活的主要寫照。

為了生活，林洪蔭開始解開糾纏多年的三吋金蓮。解開裹腳布，也解除掉傳統社會的舊包袱，林洪蔭嘗試著走出自己的人生。

如今一量，當年的三寸金蓮已不復在，腳掌已有四至五寸長，不過，扭曲成弓形的小腳，仍可想像出昔日的金蓮模樣。

小金門謀生不易，林洪蔭帶著獨子林成遷居后浦東門，十三歲大的林成，到后浦城裡的餅店當學徒學手藝，她則幫人洗衣、帶小孩。一晃眼，時光飛逝五十多載。

仍耳聰目明的林洪蔭，聽聞有訪客來，就會蹬著小腳，搖曳地走到前廳招呼。兒子林成表示，以前母親都會自己製作繡花鞋穿，後來因眼力較差，就沒法再做。儘管如此，疼愛林成的林洪蔭，到現在都還堅持要幫獨子洗衣，因為覺得她洗的衣服才乾淨。

洗衣槽在四樓頂，六十多歲的兒子林成難免擔心，但老母親堅持，每天總是要扶著樓梯欄杆，緩緩地爬上四樓頂幫孩子洗衣，才算了卻一樁心事。

因為沒有女兒，加上以前就住在林梅櫻小金門老家的隔壁，因此，林洪蔭收了頗投緣的林梅櫻當乾女兒。林梅櫻常會帶著女兒翟君婕前往問安，貼心的為老人家理理衣容。

　　林梅櫻誇讚她身體看起來還相當硬朗、年輕，她則會攬鏡顧盼，笑笑說，「哪有，臉都變黑了」。

　　有時，獨子林成會騎著機車，讓林洪蔭坐在機車前座，雙手再由後面環抱夾緊，帶著她到處去兜風，這也是林洪蔭一天中最開心的時候了。

（2007/02）

洪甜桃的針車情

針車伴伊一世人。

一具老式的手搖針車,搖出逾半世紀,島鄉女子的心情故事。

八十二歲的洪甜桃,婚後不久,丈夫落番,客死他鄉,獨守空閨、獨力撫養兒女達半世紀之久的她,指著已經生鏽的手搖針車說,就是靠著這台由南洋帶回的針車,補貼養活一家人。

手搖的老式針車,安置於臥房一角,機身的紋路,已經被歲月的手模糊,洪甜桃偶而會靜坐於前,細細地撫著這具老針車,相較於她那不到一年緣份的丈夫,這具老式針車,也許更像是她的「老伴」。

民國十四年出生的洪甜桃，娘家在小金門青岐，是個大戶人家，伯父有「烈嶼皇帝」之稱。由於家裡開雜貨店，又是大莊稼家庭，村民生活拮据，會找家人幫忙，娘家都會大方借貸，再以豬隻、花生抵債。

洪甜桃的父親洪豬母、母親林玉，她的幾個堂姐妹都以水果命名，除她之外，有的叫「洪柑」、也有叫「洪香蕉」、「洪龍眼」，相當有趣。

因為娘家富有、穀倉多，引來旁人眼紅，七、八歲大時，還發生青岐人勾結同安強盜到家裡搶劫的事，祖父母任其劫掠，但求不傷害家人。

洪甜桃笑著說，她在娘家可是千金小姐，因一家收入係由各房平分，她父親這一支，只有她及哥哥二人，因此，相對之下，父親這一房可以分到支配的東西相當多，生活十分富有，由於東西多得吃不完，她們都會送給村人共同享用。

民國三十二年，十八歲的洪甜桃，嫁給大她十歲的同村人蘇媽川，結婚四個月，才剛懷孕，丈夫便落番打拼，前往馬來西亞討生活，開起金子鋪。每個月寄來五百元的僑匯，養活公婆、家人。

洪甜桃生下一女蘇謹治，獨守空閨七年後，蘇媽川才又返鄉，為她帶回一具手搖式的針車（裁縫車），原本丈夫要將她和女兒接去馬來西亞，但考慮公婆早已年邁，在金門沒人照顧，公婆跟著去馬來西亞，又路途迢迢，因此，洪甜桃決定還是留在金門，照顧兩老及一家人，儘管不捨丈夫，卻又無可奈何。

　　丈夫在金門待了一、二個月，只好又返回僑居地處理事業，從此沒再返金。洪甜桃之後又領養一子，一個人獨立撫養一對兒女、孝敬公婆。

　　洪甜桃表示，丈夫蘇媽川回到馬來西亞後，罹患疾病，因與看護他的馬來西亞女子日久生情，後來便娶為妻子，民國四十七年，丈夫在馬來西亞因拔牙流血過多，不幸去世。

　　沒有了僑匯支助的洪甜桃，藉由丈夫從馬來西亞帶回的這具針車，為阿兵哥車綁腿，或是於村人辦喜事時，幫忙做禮服、西裝，村民都會贈送各種食品、農產以為回報，靠著這些物品，養活家人。期間，也有村人有意為她介紹對象，但因料理一家人生活已夠她忙，因此，根本不會想改嫁。

　　金門對外交通便利之後，她才知道丈夫在馬來西亞娶的二老婆，生了一子三女。她很安慰，二老婆生的兒子蘇成龍，每年都會返金探望她，對她很孝順，洪甜桃回憶道，蘇成龍第一次返金，停留於台灣時，團員約他出去遊玩，他卻說：「沒見到大媽，不會想去那裡玩」，讓她相當感動。洪甜桃指指掛在胸前的粗重金鍊子，安慰地說，「這是伊送我的見面禮」。

　　因為女兒早婚，洪甜桃三十七歲便做阿嬤，現在早已兒孫滿堂，有時跟著長孫女出門，不知情的人都會誤認二人是母女。

　　在村子走一遭，偌大的古厝裡，常常就只有年邁的阿公阿婆獨居，兒孫不是自立門戶，便是飄洋過海到台灣打拼。雖然兒孫也叫洪甜桃到台北同住享福，她卻住不慣鐵籠子的公寓生活，「在金

　　門，這邊走走，那邊逛逛，自在多了」，如果生活必需品缺這少那，跟鄰居打聲招呼幫忙購買，也就解決了。

　　小金門的午後時光，靜得可以聽到風吹草動的響聲，洪甜桃指出，因為四色牌搭子之一的林阿婆，腳受傷赴台復建，因此，沒辦法打牌消磨時光，只好看電視排遣寂寥。

　　古厝裡、巷弄間，傳來的是，一再重播的肥皂劇，以及不知源自何處的斷續笑聲，像是嘆息著，一世紀來，島鄉女子的無奈命運。

（2007/02）

張淑賢溫州夢遠

　　飄著細雨的午後，民國前四年出生、已經九十八歲的張淑賢，再度憶起大陸溫州的父母、小弟……

　　那年，張淑賢才五歲，父親是「行船人」，帶著母親、她及小弟來到金門后浦東門小住。

　　隔壁周家男主人落番下南洋，到一個比新加坡遠一點、俗稱「下洲府」的地方，周家孩子們也跟著前往，女主人因水土不服，返金定居。

長得可愛的張淑賢，甚得周家女主人歡心，常被留宿用餐，陪伴女主人。

想起來，張淑賢就直怪自己貪吃。她記得，那一天在周家玩鬧後，留宿於周家，醒來，父母、小弟已不見人影。

據周家表示，母親因身體不佳，父親便帶著母親與小弟，趕回大陸，盤纏不足下，張淑賢被留下來，送給周家當童養媳。

張淑賢知悉後，嚎啕大哭，直到哭累了、哭倦了，才不得不認命。還好周家女主人疼她，讓她忘卻了離鄉背井的辛酸與孤寂。

由於周家孩子都在南洋，張淑賢並未嫁作周家媳婦。十六、七歲時，張淑賢嫁給南門土名「許糖」的男子。

張淑賢連生二男五女，加上夫家家人，一家十多口，靠著僅有的幾塊小田地，生活相當清苦。「有日無頓、呷按過頓」，張淑賢說，因為孩子多，家裡又是「慘底」，無啥恆產，日子常有一頓沒一頓，晚上餓了，有時就吃著中午剩下的粥水度日。

抗日戰爭期間，日本部隊登陸金門，以前不曾見過士兵的張淑賢表示，看到日本兵後，心裡很害怕。日本兵嚴厲，到處找人做苦工，她丈夫還被日本軍隊強迫到安岐建機場。

日本佔領金門的那段日子，金門百業蕭條。市區商家因為沒生意可做，都關門大吉，要買個糧食都買不到。靠僑匯過日子的人家更辛苦，因為那幾年僑匯全斷絕，只能拿出上好衣褲，到鄉下和農人交換糧食。

日本兵敗，走了日軍，又來了國軍部隊，島鄉的命運一樣是烽火連天。

　　民國四十七年八二三戰役時，張淑賢一家並未隨政府避走台灣。因為孩子多，出出入入躲防空洞不方便，張淑賢便用一袋袋的海蚵殼在家裡堆成避難沙包，砲火一來，便領著兒女就地躲避。「注定好好的」，認命的張淑賢認為，生死有命，因此，也不覺得害怕。

　　張淑賢吃長齋，不過，因為年輕時太過操勞，現在手腳痲痺、無力行走。

　　談起最煩惱的事，張淑賢笑笑說，「煩惱呷太老」，因為怕無法自己照顧自己。

　　由於住家地勢低、房子老舊，一下大雨，便到處積水，讓老人家走來提心吊膽。哪天哪個單位善心大發，幫她理理房子，是目前最大的心願。

　　張淑賢指出，以前身子走得動，想回大陸看看，尋訪家人，卻因兩岸隔絕無法成行；現在金廈往來便利，她卻早已力不從心。

　　親生父母的容顏已經模糊，回家的路也不復記憶，她不記得故鄉人，故鄉親人對她也毫無印象，即便相逢，亦不相識，想著想著，髮蒼齒搖的張淑賢又惘然了。

（2007/02）

小金門繡花鞋老手陳林蔭

　　小金門上林村厲王爺宮旁的龍眼樹下，總會看到九十五歲的陳林蔭，靜坐在躺椅上，用爬滿皺紋的巧手，一針一線地刺繡出花色豔麗的三寸金蓮，細細描繪著絲緞花布下，屬於她的那段過往年華。

　　民國元年出生於小金門双口的陳林蔭，十八歲大時嫁給長她七歲的丈夫陳水發，並生下一子一女，綁著三寸金蓮小腳的陳林蔭，為了要養孩子、下海「擎蚵」、幫忙家計，綁小腳不方便，十九歲後便將裹腳布鬆開。

　　陳林蔭二十多歲，小孩才二、三歲大，因為故鄉貧瘠，丈夫陳水發前往新加坡打拼，開船載客，賺取工資。三年後，回金探望，不久，又再度返回新加坡工作。因新加坡被日軍佔領，與金門交通完全斷絕，陳林蔭將近九年毫無丈夫音訊，僑匯也被迫中斷，她的丈夫從此落居異域，不再回金。

　　丈夫落番後，起初每年都有寄錢回金，陳林蔭回憶，一個月約寄白銀五至八元，送信人送來信件後，都會當場將僑匯給她。而為養兒育女，陳林蔭也下田幹活，並將多餘的田地分租給人，再按比例收取農作。

　　丈夫下南洋，一個婦道人家，在兵荒馬亂的年代操持一家，有許多的無奈。陳林蔭還記得日本時代，日本兵身穿馬靴，肩拿著槍，舉著日本旗，一路呼口號，從村口邁過，讓人格外害怕，每當聽到日本兵腳下踢踏的馬靴聲，她便嚇得躲進家門，關好門窗，深怕不測。「驚死郎！」即使今日回顧，陳林蔭仍會不安地撫胸喘息。

　　好不容易將兒子拉拔大，兒子卻被神附身，當起乩童，依照習俗，不能見往生者，陳林蔭為了百年著想，又收了林順卿（也就是烈嶼鄉代表蔡金爵的岳父）當乾兒子，希望將來有人為自己送終。

　　兒子早婚，守寡多年的陳林蔭四十二歲便做了婆婆。原本就要享清福了，兒子、媳婦卻不幸於三十多歲分別過世，陳林蔭不得不再度擔負起養家重任，一手扶養孫子女。「飼子又飼孫」，陳林蔭只能視為命運，堅強以對。

　　所幸孫子都很有出息，有的當大學教授，有的任軍職、公職，對陳林蔭也很孝順，讓她感到相當安慰。

　　陳林蔭一生坎坷，她製作的三寸金蓮繡花鞋，遠近馳名，用色豔麗，和她的人生一樣精彩。她表示，從小看人做三寸金蓮，慢慢看、慢慢做，就學會了。

　　整雙三寸金蓮，從打鞋底、縫線、削鞋跟、釘鞋跟、刺繡，全部手工縫紉而成，最厲害的地方，在於縫製過程，不需要丈量尺寸、不用先描出花樣，僅憑目測、經驗，便可隨手縫製出一雙左右相同、分毫不差的三寸金蓮。

　　陳林蔭會請孫子先鋸好木頭，她再裁成需要的鞋跟大小。製作時，先做布底，再繡鞋面、鑲金線；然後將鞋底與鞋面進行縫合；成形後，再縫上後跟布，並釘上鞋跟。

　　陳林蔭縫製的三寸金蓮，鞋底用多層胚布製成，鞋面質料以絲綢為主，再繡上各式成雙成對之吉祥物花紋。鞋面緞布主要有朱紅、粉紅、金黃三種底色，鞋面繡上花紋，紋路一樣，但花色不同。鞋面最寬處為三點五公分，鞋長十三公分；木製鞋跟高二點五公分，長三公分。平均最快一周做好一雙，一雙要價一千二百元，卻仍供不應求，至今已賣出一百多雙。

　　除了台灣觀光客循線到訪購買外，也有不少地區民眾購買收藏。陳林蔭肚量大，也常會製作三寸金蓮送給親友，屋前龍眼成熟，或是下海「擎蚵」，她都會大把分送左鄰右舍、親朋好友。

　　製作繡花鞋的布料、線頭欠缺時，陳林蔭會到大金門去添購，身體硬朗，坐船坐車全難不倒她。鄰居阿嫂笑說，她晚上打四色牌還可以打到十二點，也可以下海擎蚵，更可以穿針引線做繡花鞋，很不簡單。

　　由於早年生活清苦，又要養活兒女，陳林蔭嘆道，只捨得將地瓜簽加水，當餐裹腹，她認為年輕吃不好，成天餓得要死，現在經濟許可，就要吃補一點，因此，對於禮佛較沒興趣，因為只能吃素不能吃肉。看電視時，看到阿扁或李登輝，仍會破口大罵、氣得轉台，倔脾氣一如當年。

（2007/02）

許方華苦盡甘來

　　「婆ㄚ，打牌喔！」吃過中飯後，九十八歲的許方華，總是準時的梳好髮髻，穿著自己縫製的唐衫，拄著拐杖，應聲前往鄰居家打四色牌。兒孫輩都會笑鬧她比公務員上班還準時。

　　許方華，榜林女兒，由於父母連生三個女兒，孝順的她，決定招贅傳續許家香火，因此，與大她九歲、父母早逝的同村鄉親許乃九結婚。婚後生了八個兒女，五男三女。

許方華三十多歲時，丈夫因病去世。為了哺育八個兒女，上山種田、割麥子、為人捻「土豆」、做手工，只要能賺錢，許方華一定全力以赴，其中，捻土豆的好工夫，還博得鄉人的誇讚。

農作時，身上背著小兒，地上年幼的兒女們則用桶子盛裝著，方便就近照顧，日日夜夜，無止無息，談起這一段艱辛、不愉快的往事，許方華搖搖頭，選擇遺忘。

民國四十七年，八二三砲戰爆發，許方華攜兒帶女，隨政府安排，避難台灣，從此落籍台北。到台北後，她曾到政界名人李國鼎家幫傭，賺錢養育兒女，勤奮工作，讓李家一家人十分欣賞。

民國七十四年，省吃儉用存下一筆積蓄後，返金修建新房，一圓落葉歸根的心願。

三十多年前，二兒子、三兒子在桃園大溪因車禍喪生，是她的人生至痛。為了照顧她，在美國開餐館的么兒，特別結束美國的生意，返金陪伴老母共度晚年。

二女兒小時候走散，一隔半世紀，兩岸開放後，在眾人幫忙下，於廈門尋著。金廈小三通後，她在擔任縣議員的孫女許玉昭陪同下，前往廈門探望失散的女兒，與女兒、女婿見面，再續母女情。

因女兒們散居美國聖地牙哥、大陸廈門、台灣等地，許方華常常國內、國外四處來去。也曾獨自搭機前往美國，與女兒相會。

平日信佛虔誠，喜歡到處拜拜的許方華，因為生性節儉，子孫給她好東西，都捨不得吃，一定要先留著敬拜神明。常常等到拜完神明後，才發現食物早已過期腐壞。

　　旅台詩畫家、乳名「良仔」的許水富，叫許方華嬸婆，因為許水富到台灣唸大學時，受到許方華照顧，因此，許水富視許方華為母親，常常寄來珍貴水果、紅包孝敬她，讓她相當安慰。

　　一切不愛假手他人的許方華，自己穿針引線、縫製新衣、自己洗衣，唯一的嗜好就是禮佛、拜拜，遇有兒孫輩遠行，更是忙著前往金門各地大小廟宇拜拜祈福。

　　早上忙於拜拜禮佛，下午是打牌時間，周日則是留給國外兒孫輩，接聽他們打來的寒暄電話，重溫祖孫親情。雖然不識字，打起美國電話卻有模有樣，日子過得相當充實。

　　許方華現有六十一個曾孫輩，六十七個孫子輩，這是她勞碌一人生中，最大的安慰，能為許家繁衍出成群的子孫，對祖先有所交代，即使生活再艱苦也沒關係，回首這一生，「沒啥傢伙，不過子孫一大堆」，她認為，值得了。

（2007/02）

愛唸歌的楊黃宛

　　為了尋找文友口中那位愛唸歌、會唸歌的老婆婆，車子在湖下村郊繞行多次。一番折騰，越過崎嶇山路後，才尋著位於芒草間的老房子。

　　「賭博母，餓死子；賭博嬤，漲死孫」，八十五歲的楊黃宛興致一來，民俗、歌謠便脫口而出。目不識字，卻能唸一口道地歌謠，「愛聽、愛唱，記性卡好啦！」楊黃宛笑說，因為家貧，沒唸過甚麼書，之所以會唸歌，可能是因為自己記性較好，聽一次，就能記一生。

身為前水頭女兒，十多歲的楊黃宛，總愛在農忙之餘，偷閒到隔壁守寡的嬸婆家幫忙磨麥，一邊聽嬸婆唸歌謠。

一曲歌謠，就是一頁歷史、一段往事。

早年，金門大戶人家，時興由廈門買來女娃當「妯幹」（婢女）。幸運的，獲得人道對待，不幸的，則會被主人苦毒虐待。還是小孩的楊黃宛，就曾目睹這一幕幕的慘劇。

想起這些大陸婢女的可憐處境，楊黃宛就忍不住搖頭嘆息。地板掃不乾淨，主人會壓著她們的頭去舔地，衣服沒洗淨，手指就會被主人用木棒狠打。辛苦工作一整天，吃的是「豆細湯、鹹菜尾」。有的受不了虐待之苦，趁機逃跑，被抓回來後，免不了又是一陣毒打，有的還被主人用雞籠罩住，再用乾草悶燒，哀號啼哭的慘狀，楊黃宛想來就痛心。

「父母厝內無寸鐵，飼子賣去做幹婢；呷無做有打半死，不日目屎掛目墘」，幾句不經意的歌謠，吟唱的是，這些離鄉背井、沒有娘家庇蔭的大陸婢女，內心最深沉的絕望與悲哀。

為了家人溫飽，金門鄉親落番到南洋者眾，一去經年，是生是死，難以預料，「一隻火船升旗符，下午四點要開船，阿娘想來心會悶，一頓稀粥不愛吞」，唱的是出洋前，離情依依的心境。不過，旁人卻促狹：「一隻火船號三聲，昨暝伊某討客兄」。

怕家裡的年輕妻子耐不住寂寞，出洋的鄉親可是煞費苦心，「菩薩興興住南海，阿哥燒香給娘拜；謝起阿娘就乖巧，不通腳步行丫差」。

抽壯丁是鄉親記憶深刻的歷史往事，「這擺壯丁我中ㄎㄠ，保證透暝到伊叨，跟伊保長叨話頭，叫伊保長免ㄟ驚，並無擔待人某子，傢伙交代伊大兄，頭期當兵有快活，二期越想越看破，……」，述說的是，抽中壯丁的萬般心情。

「飼子是要來奉承，無疑飼子去做兵，暝日訓練愛認真，後來鎮國跟領兵」，母親的叮嚀，聲聲在耳。只是，這一去，何年何月再相逢，倚門老母，只能望天興嘆。

國共戰亂，腥風血雨向金門島席捲而來。「聽見紅軍東北來，趕緊準備做砲台，現在農民真厲害，日日車路叫去開，日日帆船開去載，這回載來啥米代？載來絲瓜高麗菜。」一曲歌謠，活脫就是那個兵荒馬亂年代的寫照。

當然，流傳的，也不盡然都是些傷心往事、痛徹心扉的記憶，也有許多趣味十足的歌謠，留與後人傳唱。

「懶軟查某行路歹骨得，未到椅ㄚ就要坐，未到眠床目就闔，出來頭毛像狐狸，雙腳伸來像煎匙……」，短短數句，就將一位邋遢、不愛乾淨的女人，形容得唯妙唯肖。

因為年歲已大，看不清四色牌上的圖騰，現在的楊黃宛，最愛在午睡後，搬張躺椅，就著滿山的春色，吟唱那一曲曲的歌謠，以及越來越模糊的童年往事。

（2007/02）

葉緣也有落番情

　　遠遠的，就可以看到八十六歲的老婆婆葉緣，躲倚在牆角，茫茫然地看著過往的人世風景。

　　八十六歲的葉緣，是十足禮教下的傳統婦女，閒暇時，偶而會到紅磚老屋前的廣場遛達，見著生人，便往牆角或屋裡躲，遇到有人想幫她拍個照，總是東躲西藏，推說照相不好看。

　　葉緣是后浦人，除了知道有兄弟在越南外，其他娘家的事，都不復記憶。

　　葉緣偏著頭遙想。那已是好久好久前的往事了。

　　嫁給賢聚村的丈夫盧士潭後，因日軍登陸金門，丈夫為了「走日本」，逃難到新加坡，留下葉緣與年幼的大兒子，靠著每月的僑匯過活。

　　抗日勝利後，丈夫盧士潭再度返金，葉緣生下老二，盧士潭又落番南洋，原本葉緣想帶著孩子前往依親，但因老二仍在襁褓中，不便遠行，葉緣只好打消念頭，獨自留在家鄉照顧一家老小。

　　盧士潭在新加坡搖櫓、做苦力，生活相當辛苦，葉緣婦道人家，帶著一家老小，種田、幹活，日子也不好過。

　　分隔天涯兩地的夫妻二人，都必須獨自承受茫然、沒有明天的未來，夫妻生活被無情扭曲，青春歲月遭壓擠變形，只剩下慘白的晨起昏寐制式記憶。

　　夫妻二人再見時，盧士潭已是白髮蒼蒼的六旬老翁，而葉緣也早已青春不再。拉拔大了二個小孩，不得閒的葉緣，又必需要照顧日漸衰老、落葉歸根、返金定居的丈夫。

　　葉緣重聽，無法聽到聲音，因此，只能以略帶怕生的眼神，去體會周遭的變化。愛乾淨的她，總是頭戴毛帽、一身素淨，晚輩愛捉弄，輕拍她臉頰，她以為自己臉髒，總要回頭不斷地輕拭顏面，深怕留下任何印記，讓外人竊笑。

　　怕聞假牙味，因此，一直不敢補牙，滿嘴無牙，她看得淡然，「呷糜不必用牙齒」。因為鼻子常常鼻塞，偶而會抽口煙，順順鼻息。

　　丈夫於去年過世，葉緣的心境更寂寞。總是害怕耳不聰目不明的自己，會成為兒孫輩的負擔，有時想多了，不禁眼眶泛紅。

像每一個家有落番客的金門傳統婦女一樣，葉緣的記憶裡，也有一段不堪回首的往事；歷盡滄桑的心靈，也有一處不能碰觸的禁地。一碰，就傷心，一觸，就掉淚。

歷史在紀錄這一段落番歲月時，可以三言兩語，淡然帶過，但如葉緣一般的金門老一輩婦女，卻用了一生的青春當陪嫁，而這一段如槁木死灰般的離亂人生，能留與誰說？

葉緣的眼神，似乎更加茫然了。

（2007/02）

纏足阿嬤董玉意

　　小金門的「末代金蓮」林老太太已隨風而逝，同樣受過纏足之痛的賢聚村董玉意老太太，談起纏足，就皺著眉，直喊「甘苦」，較幸運的是，現已苦盡甘來，升格為「阿祖」，有兒孫長伴膝下。

　　民國一年出生、今年已經九十五歲的董玉意，古崗村人，為了嫁個好婆家，六歲時，父母便開始幫她纏足，纏足的過程相當痛苦，每纏一次，便痛得大哭大叫，好幾次，她痛得受不了，便拿起剪刀將腳下纏著的白布剪斷，家人為防萬一，除了將刀剪收好，還用針線將纏布縫死，讓董玉意無法解開，就這樣，一直纏到十二

歲，因為太痛苦，家人才不得不作罷。董玉意說，剛解開時，腳板已略為彎曲，後來才越變越大，不過，脫下鞋子，仍可看到當年纏足過的痕跡。

二十歲時，在父母作主下，嫁給住賢聚的盧姓老公，二十一歲生下大兒子，二十五歲生下二兒子。因為公公早逝，老公又是獨子，在婆婆寵愛下，老公和當時許多金門鄉親一樣，染上吸食鴉片的惡習。老公浪蕩慣，村人丟了東西、失了小雞，都會向她們婆媳抱怨，「又是妳們家的鴉片鬼偷拿去的」，常讓婆媳二人無言以對。

董玉意二十七歲時，老公迫於生計，落番下南洋，一去三十二年。到了南洋，老公仍然無法擺脫吸食鴉片的惡習，辛苦工作所得，全化為煙雲。

為了糊口，董玉意犁田種地瓜，養活婆婆、兒子。早年金門治安不好，匪盜橫行，偷牽牛的事件頻傳，家中沒有壯丁，董玉意卻說不怕，因為家裡根本沒錢。大兒子十一歲時，就跟著她下田工作，因此，和她一樣，都是「青暝牛」。獨自撐持一家老小，往事如昨，不堪回首，「唉！」口氣輕輕的，心情卻異常沉重。日本時代，村子外駐紮了一批日本軍人，日本軍人的惡形惡狀聽多了，剛開始也很害怕，後來，發現他們並不會欺侮村民，因此，安心不少。

三十二年後，董玉意五十九歲時，老公由南洋落葉歸根，董玉意說，因為吸食鴉片，老公連返金的盤纏都沒有，還是來自金門后

沙的頭家心好，替他出旅費，才有辦法返金，可惜六年後，老公便撒手歸西，夫妻情份，宛若春夢一場。

去年二兒子因病過世，讓董玉意痛徹心扉，原本耳聰目明的她，因為天天以淚洗面，眼睛哭瞎了。提起二兒子，董玉意又是老淚縱橫。

下午，日頭正暖，董玉意拄著枴杖，扶著牆垣，憑感覺摸索著出房門，捱著牆坐下來。正廳中，左鄰右舍的婆婆媽媽圍成一桌打四色牌，聽著熟悉的洗牌聲，感受著午後的暖意，慢慢回想一生的點滴，日子，就這麼的，又過了一天。

（2007/02）

豪氣的千金小姐陳寶鳳

　　陳寶鳳顫著雙手，點上煙，長長吞吐一口後，心情這才真的舒緩下來，像小孩領賞似高興地說：「愛『嗦』啊要死！」然後，撒嬌地抱怨坐在一旁的么女辛秀遲不讓她抽，女兒笑著搭腔，「為妳的健康好啊！」

　　九十四歲的老阿嬤陳寶鳳，熟練而豪氣地抖著煙蒂，發現大夥看她看得入神，「嘿嘿」乾笑二聲後說：「十幾歲就會抽。」

　　娘家在古坵是個大戶人家，父親陳永全、母親李盆。陳永全曾落番到南洋，返金後也做過私塾老師，因此，陳寶鳳小時候便跟著

父親，熟讀「人之初」，也因為家大業大，千金小姐的她，未曾做過家事。由於父親喜歡捲煙紙、抽鴉片，陳寶鳳也和父親一樣學會抽鴉片、香煙。

陳寶鳳排行家中老大，下面還有六個小妹、三個弟弟，大弟落番新加坡經商。十二歲時和家住金門城，大她六歲的辛西時訂親，十六歲成親。

辛家是大莊稼人家，沒有娘家那樣有錢，但不愁吃穿，每年收成時，地瓜、玉米堆得如山高。來自金門城、水頭、后豐港，幫忙收成的鄉親，擠滿辛家，辛家大方，任由鄉親拎著一袋袋返家，或是捐作地方救濟用。

陳寶鳳四歲便綁起小腳，十六歲嫁到辛家後，因為要幫忙農作，才解開裹腳布，獲得舒張的腳趾，像枯木旁再發的新芽，印記著這一段彎曲變形的辛酸往事。

陳寶鳳十七歲生老大，共生十一個孩子，七男四女，其中包括排行老四的前縣府秘書辛寬得，生最後一個孩子時已是四十二歲。

民國三十八年，大兒子辛寬量正值十八歲，因為將被抽兵到東北作戰，忍痛讓他離鄉背井落番印尼，開照相館、紡織廠，生了十二個孩子，七十歲才返金團聚。

么女辛秀遲回憶表示，家中孩子多，但父親辛西時相當勤奮，讓一家人生活無虞，直到八十六歲，還在田裡耕種，後來因腳傷才不得不被迫離開田園。

除了農忙外，陳寶鳳也在金門城開了間小店「合發」，阿兵哥來買東西時，她總會開玩笑地說，「香煙拿來請啊！」然後，跟著

小兵們，開心地享受吞吐之樂。不只會抽煙，豪氣十足的她，酒量也驚人，「可以喝四十多杯高粱」，陳寶鳳比著四根手指，驕傲地說。家住金門城，金酒公司就在附近，員工多的是金門城自己的親友，常常到廠區閒逛，員工爭著拿酒請她品嚐，讓她十分開心。

因為年高，有次喝了高粱酒後跌傷，大腿開了刀，家人從此禁止她喝，讓她少了一項生活樂趣，為此，她嘀咕了好一陣子。

個性豪氣，花錢也大方。氣量大的陳寶鳳，遇到叫賣魚、蚵的小販，一出手就是整桶買，然後要對方趕快回去休息。因此，么女辛秀遲記憶中的童年，總是有吃不完的魚、蚵、牛肉大骨湯。

辛秀遲笑說，其實母親脾氣暴躁，但只敢對女兒發作，以前常常覺得照顧年邁母親是件麻煩事，但在信佛後，看開人世，不但內心不覺得負擔，反而覺得是一種人生福報。

陳寶鳳定睛看著女兒，又瞄了大夥一眼，眼角帶笑，似懂非懂地，「在講我的壞話？」知道不是後，又翻起褲角，訴說她大腿開刀的疤痕、跌傷的經過，忽然又想起甚麼似的，「阿文有回來看我嗎？」「阿麗有來過嗎？」然後，繼續說著好久好久以前的往事，那仿佛是昨日才發生的往事。

（2007/02）

異鄉人楊陳瑞吾

　　兵荒馬亂的年代，金廈水域，讓楊陳瑞吾的生命與金門島有了牽連，卻又讓她和故鄉無言斷線。

　　楊陳瑞吾，民國四年出生。籍貫何處，毫無知悉。像株失根的蘭花，無所歸依，更像顆油麻菜籽，隨命運擺弄，成為島的女兒。

　　依稀記得，約莫四、五歲大，家人將她裝進簍中，一頭則裝著石頭，以求重量平衡，再由哥哥用扁擔挑著她，從大陸渡海來金，將她賣給金城北門人家做童養媳。一路顛簸，哭過便睡，睡醒又哭，哥哥的影像，在淚眼中，已然模糊。

命運，讓楊陳瑞吾從大陸不知名的某處，從此落籍金門。落寞時，難免會想家、想親人，卻又不知將鄉愁寄予何處。

賣給金城北門人家當童養媳，楊陳瑞吾覺得還算幸運。北門養父母家，因有僑匯支助，日子過得不壞，因家中男人大都落番下南洋，家裡就剩她和養母的母親作伴。

原本她是買來跟養父母生養的男孩「送作堆」，不過，因為不喜歡配對的男孩，嫌他生性「番番」，養母一家也沒勉強她，配對不成的男孩，選擇下南洋，從此不回。

二十歲時，楊陳瑞吾依媒妁之言，嫁給湖下務農的楊天降。

楊家孩子多，楊天降是長子，下面有六、七個弟弟，身為長媳的她，只好一肩挑起全家生計重擔，楊陳瑞吾笑說，辛苦一生，從此開始。

楊陳瑞吾與楊天降共生七個孩子，五男三女，其中一女因故早夭。為了養活孩子，上山種田、下海拾蚵，養豬養雞，日子過得煩忙。

孩子多，農耕時，只能將孩子揹著上山，下田時，選塊陰涼處，鋪上草席，就將孩子置放一旁。

楊陳瑞吾會種田、會做衣衫，種過芋頭、小麥，小麥可做麥糊，人、豬皆可食用。此外，還種過鴉片，楊陳瑞吾表示，鴉片果實小巧，形如蕃石榴，收成時，將果實切開，讓乳汁流出，再用小桶收集後，隔天即可賣給村子裡收購的人。鴉片果實剛切開時，乳汁呈白色，隔天即成黑色。

　　大兒子楊清栽任職至湖埔國小總務主任退休，在兒媳鼓動下，去年湖埔國小識字班招生，楊陳瑞吾呼朋引伴，前往就讀，白髮蒼蒼的阿公阿嬤們，利用下午一時三十分至四時三十分，齊聚一堂，習名認字、瞭解歷史。做事一向堅持到底的楊陳瑞吾，還獲得全勤獎的鼓勵。

　　幾個兒子住得近，都在湖下村，楊陳瑞吾不怕沒處消磨，閒來無事，與鄉人話話家常，到田裡種些趣味果蔬，勞動身子，就是一天的生活。

　　雙手逗弄著曾孫，曾孫滿臉無邪，笑得天真，楊陳瑞吾彷彿看到那年的自己，在哥哥的竹簍中，無助的啜泣，聲音時斷時續，縈繞在腦海深處，楊陳瑞吾不禁輕嘆，那已是八十多年前的往事了。

（2007/02）

后湖阿婆歐廷連

　　七十多年的守寡歲月，現年九十七歲的歐厝女兒歐廷連，回首前塵，禁不住輕嘆：「餒飢失頓」，「做牛也做人」，而支撐她堅守一生的念頭是，「不甘放捨祖公的香火」。

　　出生歐厝的歐廷連，只學了「人之初、性本善……」，識字不多。綁小腳，是她們這一輩的女人，無可逃脫的宿命。歐廷連記得，母親每天用白布幫她纏腳，晚上梳洗時，再將裹腳布解開，洗好後，又將白布纏上。十來歲時，因為時興穿新式布鞋，歐廷連從

此不再纏足，腳丫子也越來越大，不過，腳上仍留有昔日纏足的痕跡。

十六歲時，丈夫許乃執由落番的新加坡返金，二人相親後結為連理，從此，歐廷連落居后湖。對后湖，她另有一份感情，因為母親許玉規就是后湖女兒。

由於公婆早逝，與許乃執成親後，一切都得靠自己。丈夫結婚之後，又返回新加坡，繼續出外打拚的日子。歐廷連也曾跟著丈夫，經廈門到新加坡小住。她說，有時從水頭、有時從后浦海邊出發，坐著類似現在牽罟船大小的船隻，靠著人力，划向廈門。

到廈門時，她都投宿於一對母女開設的旅店中，因為房客都是女性，比較「慣習」。廈門到新加坡的船隻比較大，也比較舒服，歐廷連還記得，當時新加坡的熱鬧景象。

懷孕後，歐廷連便長留金門后湖。丈夫則大約一年回來一次。丈夫後來返金，因病過世，當時歐廷連才二十多歲。由於丈夫不時幫親戚們湊盤纏回金，因此死時並沒留下遺產給她。歐廷連育有一子一女，女兒早夭，只留下一兒與她相依為命。

目不識字的婦道人家，在那個兵荒馬亂的年代，獨力扶養小兒，說來有太多辛酸，「餒飢失頓」，是三餐不繼的孤兒寡母，最貼切的寫照。好幾次都有尋短念頭，但是因為「不甘放捨祖先」，因此，含辛忍悲地活下來。

歐廷連非常感謝歐厝娘家的救濟、支持，尤其是歐厝堂兄，常常挑著扁擔，一頭是「安籤」、一頭是「乾草」，大老遠從歐厝跑

來看她,「安籤」給她度三餐,「乾草」給她當柴燒,想起這一段恩情,歐廷連不禁紅了眼眶、哽咽起來。

后湖鄉親對她也很好,她記得,體弱的她,「做牛也做人」,拿著鋤頭,將自己當牛犁田。鄉人不忍,每到農耕季節,便前來幫忙種田,她則利用收成時,前去協助,藉此報恩。歐厝娘家親戚在南洋討生活,也會不時寄來僑匯,供她拜祖先。鄉親的這一段照顧扶助之情,讓生活艱辛的歐廷連母子,內心仍覺溫馨。

歐廷連說,屋前的山溝,是當年日軍登陸金門時,后湖村民躲「日本仔」的地方,八二三砲戰時,也有不少后浦人跑來躲砲彈,沿著山溝壁,盡是一個個大大小小的坑洞。只是,山溝被叢生雜草覆蓋,就像久遠的往事一般,隨著紅塵俗事的更迭,幾乎失去蹤影。

歐廷連不愛出門,做衣服、繡花鞋,就是最大的消遣。獨子多年前過世,是她的人生至痛,回首七十多載的守寡歲月,那種絕望、無助、痛苦,除了嘆息,天地間似乎也沒有更貼切的字句可以形容。

而內心最大的安慰,是臨老時,孫子、孫媳婦都很「友孝」,讓一生孤苦的歐廷連,終於能露出一絲微笑。

（2007/02）

寡母弱女的賢聚李知

　　李知，民國十三年出生，古寧頭人。三歲時父親去世，由母親莊心富（人稱「媳婦仔」）扶養長大，「連糖攏沒得吃」，是寡母弱女一家清苦生活的寫照。

　　李知表示，姐妹共三人，她排行最小，因為父親早逝，由母親種田、「擎」蚵賺錢養大。母親於七十四歲年紀去世，談起母親，李知言語中，仍流露不捨。

　　李知還記得，小小年紀便跟著母親到處扒草的往事，從古寧頭到金寧湖尾，都可以看到她們母女的辛勤身影。扒來的草，細小的

就留下來當柴火燒，粗大如芒草，因市面有人買，便拿去賣，好換水肥種田。

為了貼補家用，李知從小便跟著家人到古寧頭海邊擎蚵、剝海蚵，天寒地凍，也必須要下海，因長期浸泡海水，手指都生「凍子」，疼痛不堪。

民國二十六年，李知才十三歲，由於日本軍隊即將登陸金門，日本兵凶神惡煞般的行徑傳言已久，島上人心惶惶，不少人為躲避日軍鐵蹄的蹂躪，舉家渡海，逃往大陸。李知有位阿姨居住在大陸，姐妹們怕被日本兵欺侮，便跟著二十多歲的大姐準備渡海到大陸避難，最後因為沒船可搭，只好作罷。

李知回憶指出，日軍登陸後，她與家人在古寧頭村裡剝海蚵時，看到日本兵進村，嚇得全身發抖，連手上的海蚵殼都無力放下，連爬帶滾才躲進家中。

李知摸摸胸口，笑笑說，後來，她並沒有看到日本兵任意殺人，懸著的一顆心才放了下來。

民國三十五年，當時大她四歲的丈夫盧永樹，剛好從賢聚到古寧頭探望嫁到該村的大姐，兩人相遇，在盧永樹大姐的撮合下，結為連理。

出嫁時，李知二十二歲，盧永樹的父親已過世，盧家經濟不佳，但是，母親堅持應該風光迎娶女兒。李知記得，除夕前一天（二十八日），她就坐著轎子，由四人抬著，一路從古寧頭到賢聚，進入盧家家門。

　　民國三十八年，李知生下大女兒，才二個月大，就發生古寧頭砲戰，古寧頭烽火遍地，娘家姐妹們被迫跑來賢聚家裡躲避戰火。

　　當年家裡相當擁擠，到處都是部隊官兵。李知說，國軍自大陸匆促退守金門後，因來不及營建工事，部隊便借住民宅，當時，她與老公的新房只好讓給軍隊長官住，一家人則移往櫸頭，大厝廳堂裡，成了官兵們的暫時棲所，軍民一家，相處倒頗為融洽，家裡的官兵們都很疼孩子。

　　貧瘠動蕩的年代，這些跟著部隊流離到金門的官兵，有的已成家，有的還是個大孩子，看到小孩，有的想起了還在大陸的兒女，有的憶起自家弟妹，心裡相當熟悉親切，都會搶著抱去逗玩，或是塞個饅頭給孩子吃。逢年過節時，李知也會炊一些年糕紅粿，送給離鄉背井的弟兄，聊慰思鄉之情，官兵們也會回贈軍用品。

　　嫁給丈夫盧永樹後，李知共生了三男三女，平常夫妻二人一起到山裡種田，閒暇時則幫丈夫兼差製作花生油。

　　李知表示，丈夫做花生油、蔴油出售，她則幫忙剝花生，較好的花生仁拿去市面賣，其他的則做為製油用。

　　製油過程，先要將花生剝殼，再壓磨，分開花生殼與花生仁，然後用風鼓吹開花生殼與花生仁，接著，再將花生仁用牛力碾碎，再用篩子篩出粗細，經過篩選，較細的花生仁放入木桶炊煮，炊熟後凝成固狀，再將其切開，用鐵圈套上、壓緊，放進油槽，用工具擠壓，讓油流出，便成為食用花生油。

李知會做唐衫、也會炊粿，因為家貧，不識字，但她說，「看電視會認人」，由於丈夫身體不佳，這幾年都全心照顧丈夫，傳統的婦德，讓她當選九十三年模範母親，目前有內外孫共十九人，李知表示，「看到這麼多的子孫，很歡喜」，這也是回顧這一生中，她最感到安慰的事。

（2007/04）

「后垵醃菜脯，賢聚巡田墘」的林泡

　　「后垵醃菜脯，賢聚巡田墘」，是滿臉皺紋的林泡，前半生最佳寫照。雖然前半生辛苦，現在卻是苦盡甘來。

　　回顧過往，八十一歲的林泡表示，未出嫁前，在后垵娘家要幫忙醃製菜脯，下田農作，辛苦度日；嫁到賢聚，為人妻母後，因夫家無田產，無地耕種，為了三餐糊口，養活老小，常常只能到別人田裡，撿拾村人收成後，遺留在黃土地裡的零星地瓜塊。

但現在，林泡笑開了臉，滿足地笑道，自從娶了媳婦，日子就舒服多了，苦盡甘來的她，閒來無事，到「老人間」和村裡的老友們摸摸四色牌、話話鄉里事，又是快活的一天。

究竟是那一年出生的，林泡也不太記得，就算是有身份證，不識字的她也看不懂、記不得，出生上后垵的林泡，倒是記得清楚，自己今年八十一歲了。身為家中老么，三個哥哥早已過世，二個姐姐也已往生。

林泡的大哥、二哥，年輕時便落番新加坡，後來客死異鄉；二姐嫁至東門，在還是「單打雙不打」的年代，某一天單號，二姐正坐在房間裡，不幸被突來的宣傳砲打死，「還少年啊」，林泡無奈地嘆了口氣，往事，又一幕幕地浮上眼簾。

「榜林水查某、后垵好菜脯、東洲好鑼鼓」，早年后垵以醃製菜脯出名，娘家在上后垵的林泡，父母也傳承這項醃製技術，種菜頭，做菜脯。

林泡記得，村人在紅赤土上，挖出一個人高的大圓坑，菜頭出水後，整個塞進圓洞中，一層鹽，一層菜頭，就可醃製出好吃的菜脯，有的整顆醃，有的則切成條。

對於有人將糞坑充作醃製菜脯的圓洞，把菜頭放在棄置不用的糞坑醃製這種說法，林泡表示，是有聽過這樣的謠傳，是不是真有人這樣做，她不知道，不過，她倒認為，可能是挖成的土圓洞，與糞坑相似，所以才會有此一說。

民國二十六年，日軍登陸金門，林泡才十一、二歲，因為鄉親盛傳，上岸的日本兵看到人就殺，讓村民害怕不已，林泡依稀記得，

那時，日軍穿著馬靴，齊步前行，一步一腳，「扣扣」聲響，宛如馬蹄，眾人驚駭，連滾帶爬，逃往后湖，家人躲在高粱田裡，不敢出聲，直到「扣扣」聲遠去，沒聽到任何槍砲聲後，才敢爬出田埂。有時，不幸撞見日本兵，她就跟著大人舉起雙手，表示投降。

林泡二十歲時嫁到賢聚，丈夫盧成才大她六歲，人很忠厚。

林泡說，母親是賢聚女兒，公公是她舅舅，婆婆是她舅媽，丈夫叫母親「阿姑」，母親懷她時，婆婆剛好也懷小叔，所以便指腹為婚，要求如果生女的，以後當盧家媳婦，結果言中了，親上加親。

嫁到賢聚後，共生了三男二女，因夫家無田產，無地耕種，為了三餐糊口，養活老小，只好到別人田裡，撿拾村人收成後，遺留在黃土地裡的零星地瓜塊。除了撿地瓜，林泡亦曾撿過樹子，賣給油行，當做起火的燃種，而為貼補家用，她也要下海擎蚵，年幼的孩子只能放在家中，能一一平安長大，林泡感謝老天保祐。

那時，大陸變色，大批國軍退守金門，老宅大廳被部隊軍官佔用，神主牌被迫撤到廚房安放，一家人也只能搬到廚房或廂房睡，有時，還會發生土豆油被搶，豬被士兵偷走的事。

民國四十七年，八二三砲戰爆發，當時，賢聚村根本沒有什麼可供躲藏的安全掩體，只有村郊有砲兵部隊開鑿的土洞，砲兵因故調防撤走後，鄉人才得以跑去土洞躲避戰火。戰火暫歇，沒有砲聲時，女人們才敢鑽出土洞，烹煮地瓜稀飯，餵飽一家人。

林泡也還記得，她曾與丈夫一起到農試所做工，那時，丈夫一天是三十五元，她則是二十五元，工作的內容主要是顧高粱、割高

梁、澆菜。因為家貧，孩子十二、三歲就要外出幫忙農事，大兒子十六歲就到金門高中當工友。

林泡説，當時的農試所好像是在「外校場」（大甲場），也就是現在的縣警局一帶，「內校場」則在總兵署。

談起「外校場」（大甲場），林泡指出，小時候，常聽到村人説，有人在「外校場」（大甲場）被槍斃，還有人繪聲繪影説在當地看到鬼怪，身體還因此變不好。讓她那時每次經過該處，總不由得地打了冷顫。

現在，「外校場」（大甲場）附近已經蓋起許多大厝，議會、縣警局、自來水廠等機關林立，讓她都快要忘了當年的景象。

不識字的林泡，阿拉伯數字也一樣分不清，就連日曆也不會看，但是打電話給外地的兒女們，卻難不倒她。

數字認不清，當然也就無法分辨公車路線，林泡表示，她搭公車時，都是跟著人一起上車，若搭錯時，再按鈴下車，不過，她説，金門公車的路線、站牌單純，不會弄錯，去台灣她就不敢自己搭車了。

林泡安慰地指出，自從民國六十八年娶了媳婦後，日子就好過多了，現在，沒煩沒惱的她，閒來沒事，吃完中飯，下午一點多，就到「老人間」，和村裡的老友們，摸摸四色牌，話話鄉里事，最是快樂，林泡笑説，她眼睛好，不用戴老花眼鏡也能看清四色牌。

（2007/09）

百歲人瑞羅方快

　　百歲人瑞羅方快，多子多孫，不過，因為家鄉工作難覓，子孫大都赴台打拼，目前與年高八十二歲、也是滿身病痛的長子羅清派，留在烈嶼羅厝老家相依為命，每天數佛珠、默唸「阿彌陀佛」，成了寂寞歲月的最好排遣。

　　民國前四年十二月底出生的羅方快，后頭女兒，父親方志，母親陳乘。父母沒有兒子命，「生一個死一個」，只剩羅方快姐妹三人，除她外，全給了人。

沒讀過書的羅方快，八歲纏足，十八歲嫁給大她七歲的羅厝討海人羅宰，十九歲生長子羅清派，共生了六子一女，其中，三個兒子陸續過世，目前只剩三子一女。

長子羅清派已八十二歲，長媳則去世二十多年，由於其他子女、孫子輩大都在台工作，羅方快一來不願拖累兒孫，增加兒孫負擔，再者又不愛台灣如鳥籠般的居住品質，更害怕哪一天歸西，被迫火葬的命運，因此，寧願留在羅厝老家，自給自足，但這可苦了長子羅清派，只能跟著留在金門，互相照料。

羅清派表示，他本身也是一身病痛，行走困難，由於家中沒有其他人，家務工作只能一肩挑。平日煮個清粥，胡亂炒個菜，就是母子一天的三餐。

想到此，羅方快就一肚子不捨，覺得是自己拖累了孩子，也怨懟自己沒福份，孝順的長媳死得太早。

羅方快指出，長子是民國三十八年娶了長媳，長媳也是歹命人，沒父沒母，當年是她賣了一隻牛、一隻豬，籌得七十元白銀，再賣一百二十斤的花生（計三十元白銀），共籌出一百元白銀娶過門當「媳婦仔」的。她還記得，當時時局紛亂，傘兵橫行，為防意外，長媳就以馬匹草率載進門。

八二三砲戰，羅厝中彈最多，讓羅方快印象深刻，那時，家中天井、廳堂都被匪砲擊中，羅方快說，她嚇得躲進簡陋的土洞避砲火；長子羅清派剛好在田裡耕種，顧不得井深，撲通便跳入井中；三子正要出海捕魚，也趕緊躲入船底逃過一劫。

　　八二三砲戰後，全家人逃往台灣，戰火停歇後，才又再度返金。

　　兒孫都在台打拼，賺的是辛苦錢，因此，羅方快不願赴台，怕拖累子女。羅方快常禁不住嘆氣，活了一百歲，卻得不到快樂。心情不舒坦時，她就捧起佛珠，默唸「阿彌陀佛」，藉由佛祖的力量，撫平心中的怨懟。

　　雖然與長子獨自留在金門，缺少兒孫輩照料，但愛乾淨的她，總是把自己梳妝整齊，少見的黑色髮絲，平整地繞成髮髻，多年胭脂未施的臉龐，依舊白淨。

　　看到滿身病痛的長子因為照料她，無法赴台享受天倫之樂，羅方快想來就十分不捨，想進住大同之家，怕兒孫反對，又怕負擔太重；想找個鄉人來家裡幫忙煮飯，薪資太少沒人要，薪資太多，她一個月才八千元補助金又負擔不起，有任何病痛，只能與年高逾八旬的長子相扶持，但連出個門都困難，想著想著心又痛了起來，只能藉由默唸「阿彌陀佛」，化解一切煩憂。

　　「阿彌陀佛、阿彌陀佛、阿彌陀佛……」，靜謐的羅厝午後，空氣中彷彿傳來陣陣的「阿彌陀佛」聲，聽來單調，卻又有幾許辛酸。

（2007/02）

第二篇

中女人篇

金門第一女將軍傅晴曦

金門也有女將軍？

一張滿是塵土、泛黃模糊的黑白照片，靜靜地訴說，島鄉女子充滿光采的不凡人生。

照片中，陪著先總統蔣公、宋美齡伉儷下鄉巡視的傅晴曦，英氣勃發，彷彿還是昨天的亮麗身影，一眨眼，卻已是半世紀前的往事。而有著「女將軍」尊稱、終生未嫁的金門傳奇女子傅晴曦，則已於去年悄然去世。

人生，是一幕幕不斷流轉的風景，總要在幕落人散後，才感覺得到它的真實。

傅晴曦，鄉人稱為傅彩兒，西元一九一五年生於金門珠浦，生長於書香世家，父親傅錫琪是金門博學仕紳，致力於地方文教、社會建設、經濟發展，曾先後在金門成立電力公司、金門商會，也被推選為第一任商會會長，並籌建模範街、設立私塾弘揚文化，為鄉人所敬重，民國四年，中央巡察使許世英特別頒贈「一鄉之望」匾額，讚揚傅錫琪的功績。

傅晴曦自幼聰穎，深受父親傅錫琪培植器重，遍讀中國古典文學，精稔四書五經，能文能詩，尤其能寫出一手好書法，知書達理，才貌雙全，鄉人以「第一才女」稱譽。

傅錫琪熱心公益，積勞成疾，驟然謝世。傅晴曦繼承遺志，擔任教職，育化浯島子民。抗日期間，日軍入侵金門，傅晴曦與家人避走南洋，後又陪同母親返回故里，重拾教鞭，春風化雨。

為與時並進，傅晴曦負笈前往廈門、鼓浪嶼等地深造，專攻教育，學成後即獻身地區教界。

因道德文章，均足為人之表率，獲得四方敬重，並會試於台北陽明山，榮獲「品學兼優」之評鑑，蒙先總統蔣公重用，榮膺為特任之職，專掌教育訓練工作，鄉人以其位高一時，咸以「女將軍」傳頌。

談起這段「女將軍」的傳奇往事，稱呼傅晴曦為「阿姑」的前美術學會理事長傅子貞，總覺得與有榮焉。

傅子貞表示，傅晴曦師專畢業，經人介紹，前往基隆女中擔任幹事，當時，該校教務主任邵夢蘭（濟南大學中文系畢業）與傅晴

曦十分投緣，志同道合，常常聚在一起吟詩作對。

因該校缺一位國文老師，原本只有師專畢業的傅晴曦並不具資格，但邵夢蘭特別向校長推薦，甚至還說，連自己的國學造詣都比不上傅晴曦。

校長原本也不相信，面試後果然不假，因此特別通融准許傅晴曦擔任國文教師。

後來，該校少了位訓導主任，邵夢蘭又推薦傅晴曦，邵的推薦理由是，「半部論語治天下」，傅晴曦熟讀一部論語，怎會不懂得治理小小的一所學校？因此，校方又准許其兼任訓導主任。

那年，先總統蔣公調訓各學校校長，因為基隆女中校長、教務主任剛好都無法出席參加，基隆女中第三順位主管的傅晴曦，得以代表參加。

開訓當天，蔣公、宋美齡抽察學員所交的心得報告，傅晴曦的文章是抽中的五份之一。

宋美齡對於傅晴曦的文章十分喜歡，不論是書法字體、內容結構，都認為是最好的，還將該篇文章拿給蔣公欣賞，蔣公也認為確實寫得好，誇讚是不可多得的才女，特別親筆寫下「品學兼優」贈予傅晴曦。

而在受訓期間，主辦單位舉辦學員壁報比賽，傅晴曦受託執筆，在沒有草稿下，一氣呵成，以毛筆一路書寫到底，被當時的副總統陳誠看到，大為讚賞，並將所見報告先總統蔣公。

結訓時，蔣公特別要人告訴傅晴曦，教書很辛苦，結訓後留下，另有任用。後來，奉派到木柵革命實踐研究院擔任副主任等級

之職，還配有一棟將軍級的樓房及吉普車。之後，宋美齡擔任婦聯總會負責人，又延聘傅晴曦為機要秘書，相關文稿皆出於其手。

由於負責革命實踐研究院的訓練工作，不少金門將官都是該院的學員，因此，傅晴曦陪同蔣公、宋美齡來金巡視時，金防部將官們都以老師尊稱，相當風光。

傅子貞表示，在宋美齡建議下，蔣公賜官傅晴曦「少將」，因而有了「女將軍」的美名。

晚年傅晴曦為雙腳酸痛無力所苦，曾到廈門求診，來信告知傅子貞，傅子貞還特別託人帶藥給她。

稱呼傅晴曦「阿姑」的傅子貞說，之所以會知道這段往事，乃是提攜傅晴曦的貴人邵夢蘭，後來調任士林中學校長，他剛好到該校當幹事，有一天晚上，他在辦公室加班，被邵夢蘭看到，邵夢蘭對他的認真表示讚許，並提及以前在基隆女中工作時，也有一位來自金門的傅晴曦很認真，知道傅子貞與傅晴曦二人的關係後，對傅子貞更加愛護，還委由他負責教體育、帶球隊，也是全校唯一沒有被邵夢蘭責備過的人。

與傅晴曦常有連絡的傅子貞，原本有意將這段傳奇寫成「金門第一個女將軍」，但因傅晴曦不願生前招搖，因此，傅子貞雖然寫好，但一直收藏著未發表。

一九五七年，傅晴曦應弟弟傅膺選之邀，到檳城渡假，獲聘任為馬來西亞華文菩提中學校長。除積極推動校務，恪遵「仁慎勤毅」校訓，期間也以佛教思想為依歸，啟發學生，一九七六年榮退，去年，在充滿離愁的四月，悄然辭世。

　　身處兵荒馬亂、混沌迷離的年代，在異鄉的人生戰場上，開天
闢地、成就美名的這位「女將軍」，不平凡的一生，為所有的島鄉
女子，留下可歌的傳奇篇章。

（2007/04）

暗夜哭泣的活寡婦

　　「小時候，最深刻的記憶，就是每天晚上都是在母親的啜泣聲中睡去」，想起與母親相依為命、暗夜哭聲的童年，楊月禁不住流下眼淚。

　　父親從小落番印尼，在濕熱的雨林中，為千里外的家人溫飽打拼。父親於三十一、二歲年紀返金，與小他十歲、年輕貌美、知書達禮、出身大戶人家的母親相親結婚，在金門停留一年多，生了楊月，在楊月二個月大時，又重返印尼，七十多歲再度返金時，轉眼，時間已忽忽過了半世紀。

母親暗夜的哭聲，這時，變成無盡的怨懟，於是，有著浪人性格的父親，又遠走了，父女再相會，卻是在父親的異鄉喪禮中。

楊月常常想著，人生的意義是甚麼？母親守貞一輩子的價值又何在？想著想著，失了神，流下淚。

父親落番印尼一生，與母親卻幾乎不通信，只有定期的僑匯，讓楊月在生命旅程中，偶而還會憶起「父親」這一名詞。

母親從小家境好，千金小姐命的她，有私塾老師教她三從四德、四書五經，有奴僕差遣、支使，逍遙過日，但這些福份，似乎在年少就已用盡，結婚後的母親，淚眼替代了歡顏。

其實，母親也寫得一手好字，可是，楊月始終不明白，為何父母親彼此間，竟連一封家信都難得寫。「也許是父親覺得一事無成，沒有成就，因此，就無意寫信吧」，楊月只能這樣安慰自己。

靠著父親微薄的僑匯，以及娘家些許的接濟，母女倆相依為命，辛苦度日。楊月說，母親的條件很好，父親長期落番印尼未歸，有家鄉人心懷好感，有意追求，但母親未曾動念。鄉人不禁勸道，丈夫有若無，身邊就只有這一女兒，也沒兒子可依靠、可指望，還守什麼呢？

母親無言，只有夜夜暗泣。

楊月成了母親的唯一依靠，即便長大赴台唸書，母親也一路跟隨伴讀，這樣的期待，卻成了楊月幾乎喘不過氣的包袱。而母親長期的暗夜哭泣，則讓楊月的成長歲月，滿佈灰色的陰霾。

在家人的催促聲中，父親於半世紀之後重返金門，楊月早已做了祖母。半世紀後重逢，浪跡慣了的父親，與守貞一輩子的母親，情份淺了，怨懟深了。

父親澆花弄濕了地，母親不慎跌跤，半小時起不了身，父親卻只是無所謂的笑顏以對，還當做趣談。

「你覺得很好笑嗎」？楊月氣憤父親無情，卻更覺得有種深沉的傷悲。

於是，父親又遠行，走了，回到他已習慣的新故鄉，印尼。

她們再見父親時，已是在印尼舉行的父親喪禮上。

「飛啊」！印尼的傳統，在喪禮最終，道士會自手中放出一隻白鴿，期盼流落異鄉的苦力靈魂，可以隨著振翅的白鴿，重返故鄉，落葉歸根。

從同安渡頭出走的，父親的靈魂，驛動的心，真的能夠就此回返生命的原鄉？而如今髮白、齒搖，年逾八旬的老母親，空白的青春心靈，真能平復？

楊月記起，她總是在母親的啜泣聲中睡去，而在軍樂歌聲中，在由古厝屋角窗櫺照進的斜長晨曦中恍惚醒來。

陰暗的屋子裡，一絲似有若無的暈黃光束，映照著母親昨夜氾濫的淚痕，「昨夜我夢金陵，滿地花如水」，依稀記得，歌曲是這樣地吟唱著，樂音由遠而近，由近漸遠，在記憶的湖海中流洩、徘徊，終至無聲。

（2007/07）

八二三跟人跑的董彩娥

　　八二三砲戰當天，你在哪？

　　有人倉皇出嫁、避難台灣；有人摸黑躲避、投宿同學家；有人為求安居樂業，由大陸渡海來金，仍然躲不過戰禍的宿命……，談起八二三，許多人搖頭嘆息，不忍回顧。

　　震驚世界的「八二三砲戰」，於民國四十七年（西元一九五八年）八月二十三日爆發。當天傍晚，共軍集中各型火砲三百四十二門，向金門地區作地毯式射擊，兩個小時內，共向金門島連續發射五萬七千五百餘發砲彈。

在為期四十四天的砲戰期間，金門島上落彈近五十萬發，平均每一平方公里落彈三千一百多發，相當於每平方公尺土地落彈四發，每一寸土地幾乎都被翻起，慘烈狀況，無法想像。

談起八二三戰役，董彩娥一家人又害怕、又覺得好笑，由於當時正論及婚嫁，董彩娥是在砲火下，倉皇中，未及穿上新娘服，就跟著夫家逃難到台灣。

三十年次的董彩娥，家住古崗，民國四十七年，十七歲的她，正論及婚事，即將許配給丈夫林招，偏偏遇到八二三戰役，才會演出這場「跟人跑」的趣事。

由於古崗當年設有多處重砲基地，成為共軍砲擊重點，因此，古崗村遭受到的砲火相當猛烈。

戰火稍歇後，夫家急著遷台避難，為了趕緊迎娶，沒有轎子，也沒有捧花，夫家拿來定親的豬肉，交給董彩娥母親後，便急著拉人走。董彩娥來不及做新嫁衣，只好穿著小姑帶來的衣服，就跟著夫家一家人避難到台灣。

赴台後，租住在中壢，民國四十九年，生下長子，特別命名為「金台」，以紀念這段台金因緣。民國五十二年，因為實在不習慣台灣生活，才又舉家遷回金門。

（2007/08）

金廈聯姻——王慶雲洋樓女主人呂玉

　　「轎巷」深處，王慶雲洋樓業已頹圮，小巷裡，金廈聯姻的美事，歷歷如昨，王慶雲與來自廈門的妻子呂玉，見證的是，早年金廈一家的歷史往事。

　　民國十年出生於廈門的呂玉，二十多歲時，由廈門嫁來金門，與喪偶的王慶雲結為夫妻，從此，落戶成為金門人。

　　在廈門港長大的呂玉，父母早逝，與一個姐姐、二個妹妹、一個弟弟相依為命。因媒妁之言，遠嫁金門，成了五個孩子的新媽，民國三十八年，兩岸隔絕，新婚後才返鄉一次的呂玉，從此與廈門家人斷絕半世紀，在金門無親無戚，箇中滋味，只能留予夢中說。

　　丈夫王慶雲生於民國前九年，大她近二十歲，當時在莒光路、轎巷一帶開「金門書局」，賣文具用品，後來又在現址改開「浯江食品店」，專賣西點麵包。王慶雲過世後，才又由媳婦改開小商店。

　　談起與丈夫的姻緣，仍有外地口音的呂玉說，一切天註定。嫁來時，除了幫忙照顧生意外，便是待在轎巷的洋樓裡。她坦言剛開始，生活相當不習慣，因為廈門繁華，金門相對落後，不過，因為金廈相隔遠，即使想家，也無可奈何。新婚不久，曾經返回廈門一次，後來因國共戰爭，兩岸對峙，返鄉，從此成為奢求。

　　除了扶養前妻生的五個小孩，呂玉自己也生了三男六女，家裡有買來的「姅幹」差遣，日子不難過，但心情上卻要進行相當大的調適。

　　解除戒嚴後，呂玉曾由香港到廈門探親，但人事已非，現在，她反而較習慣金門生活，對故鄉廈門，感覺卻愈見生疏。

　　六十年前，與王慶雲相識，讓呂玉由外地客變成新嫁娘，廈門妹化身金門媳婦，經過層疊的歲月浸淫，呂玉的思鄉情，就如同「轎巷」往事，漸漸淡出記憶。但這些牽扯的人間情事，卻使得靜謐的巷弄裡，憑添了幾分令人沉醉的想像天地。

（2007/02）

就是這個洞──蔡金魚

　　「就是這個洞」！民國二十七年出生、現年七十一歲的蔡金魚，指著古崗屋旁的石頭洞説，這就是「八二三砲戰」時，全家躲砲彈的防空洞。洞口已被水泥敷平，成為新樓房的一角，在繁雜的紅塵俗世壓擠下，「八二三」的記憶，逐漸遠颺。

　　八二三砲戰時，二十一歲的蔡金魚剛生完大女兒董瑪俐，抱著未滿月的女兒跟蹌躲砲彈，讓她永遠難忘。

　　出生瓊林的蔡金魚，三歲時母親便已去世，十六歲時嫁給古崗人董國忠。八二三砲戰發生那天，由於古崗是國軍重砲所在地，所以被炸得相當嚴重。

　　那時，任職軍郵局的丈夫尚未返家，她扶著婆婆，手抱著剛出生不久的大女兒，一路跟蹌地跑到村子祖厝旁的石洞躲避。她還記得因為洞小，耐不住砲火的石壁，頻頻掉落塵土，蔡金魚都是以自身擋住洞口，護衛幼兒。

　　蔡金魚記得，村子裡還有即將臨盆村婦，就在洞裡分娩。而古崗村郊附近的砲兵弟兄最可憐，部隊弟兄冒著烽火，連夜趕做防空洞、疊沙包，結果砲彈一來，許多人不幸被炸死。

　　因為砲彈猛烈，丈夫董國忠特別要來炸藥，將住家旁的大石頭炸成一個簡易的防空洞。一家人鎮日躲在洞中，戰火停歇時，才爬出洞口，張羅家人的三餐。

　　蔡金魚表示，當時任職山外軍郵局當郵差的先生董國忠，於民國四十七年八月二十三日下午五點十幾分，搭金防部連絡組的便車到金城，連絡組是金防部下設的翻譯單位，共有十多位翻譯官擔任美軍翻譯工作，車子一路駛至中央公路，當時，中央公路剛做好，但路沿尚未完工，突然間，砲聲大作，漫天烽火，董國忠與連絡組的軍官趕緊跳車，躲入公路旁的溝中，一直躲到天黑，大約晚上七點多，連絡組的軍官擔心再耗下去，會誤了正事，只好抱歉地說，各人走各人的。

　　董國忠獨自一人，且走且躲，來到下堡金西師一帶，原想向村民借腳踏車，不過，大部分的人家早已關門躲避砲彈，他還看到有一戶人家，新嫁娘返回娘家做客，卻不幸被砲彈波及喪生。

蔡金魚指出，先生董國忠到達金城時，原本想向金城郵局同事借腳踏車，但因砲火猛烈，同事不同意他隻身騎車回古崗，怕有危險，但董國忠不放心家中寡母妻兒，還是趁著砲火時斷時續空檔，返回古崗，大約凌晨三點，才徒步走回古崗家裡。

隔天，董國忠仍然照常上班，因交通工具中斷，沿路招攬便車，才得以抵達山外軍郵局。

原本家裡沒有防空洞，九月五日時，由於古崗村有一家被炸死六人，家人擔心害怕，董國忠才在家旁著手挖掘防空洞，以防不測。

蔡金魚說，他先生董國忠生於民國二十三年，民國四十五年考入郵局工作，負責金防部等處郵件。以往都是騎腳踏車到金城模範街，再到今天的金城郵局旁搭公車上班。那時，金門只有二輛公車，郵差都可免費搭乘，也因為負責金防部郵件遞送，因此，只要在路邊招手，都可搭軍隊便車。

八二三砲戰期間，沒有交通工具可上下班，董國忠只好走路或搭部隊便車，地區阿兵哥看到著綠色制服的他，都會主動停下來載上一程。每次將信件送至各碉堡、坑道，阿兵哥們都會蜂擁而出，有的還會將他抬起，高喊「郵差萬歲」，除了送信，也會幫阿兵哥們帶郵票、寄錢寄信，因此，部隊弟兄都稱他是「軍中維他命」。

八二三戰後，國防部以董國忠冒險犯難、服務三軍的英勇精神，頒贈光華乙種二等獎章一座。

李淑卿情定八二三

　　八二三戰役砲火連天，戰火中，卻也牽成了前東門里長顏伯義與妻子李淑卿的姻緣，每逢八二三，親友們總會開開玩笑，他們的婚姻，是「中共做的媒人」！

　　二十八年次、家住古寧頭林厝的李淑卿表示，八二三砲戰那年，因為父親帶著家人到后浦躲砲彈，就租住在顏伯義家，二人日久生情，遂成就一樁美好姻緣。

　　李淑卿回憶說道，民國四十七年八月二十三日下午，她正在家裡幫阿兵哥改衣服，幾個砲兵弟兄在一旁等著，突然連天砲火，她

不安地問：「怎麼打砲打得這麼厲害」？砲兵弟兄不以為意地說：「在演習吧」！不過，因為不放心，砲兵們還是快跑回住家附近的砲陣地。

沒想到砲陣地遭到砲擊，幾個趕著跑回去的砲兵則生死未卜，李淑卿至今都會擔著心，不知當年這幾位台灣來的砲兵平安否？

李淑卿笑著說，她有十個兄弟姐妹，那時候，砲陣地被轟炸，砲火波及林厝民宅，身為長女的她不擔心自身安危，反而掛念著家裡綁在砲陣地的那頭牛，有沒有被炸到？因此，隔天一早，戰火稍歇後，她便趕到砲陣地，發現陣地受創嚴重，但家裡的那頭牛毫髮無傷，砲兵弟兄看到她消遣她：「小姐，打砲彈了，妳還敢來牽牛？還不趕快去躲」？

因為砲彈都是下午打來，因此，村民都利用上午上山、下海找吃的，有一回，她正在井邊洗衣，突然砲火猛烈，屋瓦朝她飛射過來，她丟下衣服，連爬帶滾一路驚叫回家。房子被炸個大洞，養的豬仔也被炸死，由於古寧頭一帶位居西北邊，靠近大陸，首當其衝，因此，她要父親帶著其他弟弟避難到后浦，她則陪著年邁的祖母留在古寧頭林厝守著老家。後來，因為家裡也中彈，才不得不跟著逃難到金城后浦。

因戰事吃緊，為疏散民眾，當時中央政府派船將金門鄉親撤離到台，每人並發給三千元安家費，父親本來要她帶著三個弟弟及祖母，接受政府安排，撤退到台灣，李淑卿怕台金交通一旦中斷，不僅與家人再見困難，而且，離鄉背井、在台無親無戚，生活可能都成問題，因此，還是決定留在金門。

　　一家人原本暫住在農會，後來才租住在顏伯義家裡。李淑卿指出，顏伯義的祖母也是古寧頭人，知道自己的父親忠厚老實、做人很好，才願意出租。也因為這樣的機緣，讓原本不相識的顏伯義、李淑卿二人，有機會相遇，並於隔年，民國四十八年三月結為連理。所以，親友才會笑稱，「都是中共做的媒」！

（2007/08）

胡璉長媳楊心儀愛在金門

　　習畫數十年，胡璉長媳、胡之光之妻楊心儀要開畫展了！

　　談起習畫過程，楊心儀笑的說，這還得感謝她的公公胡璉將軍。

　　楊心儀表示，她與胡之光於民國四十七年訂婚後，由於公公胡璉觀念傳統，認為男主外、女主內，不希望她外出上班，為了精神寄託，她重拾畫筆，悠遊於藝海中，也成就屬於她的國畫天地。

　　楊心儀於民國二十五年出生於湖北省武昌市。父親楊錦昱與胡璉同為黃埔四期的同學，為西西派大將，曾做到武昌市市長。母親劉靜君，曾任第二屆國大代表。

　　楊心儀說，民國三十四年對日抗戰勝利後，蔣中正派她父親當武昌市長，當時，由胡璉擔任軍長的十八軍，便駐守武昌，為安頓一家老小，胡璉曾託她父親代為找房子，二家人因此又熟絡起來。

　　楊心儀自幼便受到喜好藝術的父母親所薰陶，小時候，父母常帶她看畫展，讓她對畫畫產生濃厚興趣，對於國畫，尤其鍾情。

　　大陸淪陷後，楊心儀一家遷居香港。楊心儀回憶道，因父親係西西派大將，為台灣高層所排斥，一直不同意她們一家來台，多虧胡璉將軍大力幫忙，並找了時為中將的馬紀壯當保人後，民國四十三年，台灣中央才允准她們一家人來台定居。

　　來台後，楊心儀母親常到胡家串門子，楊母疼愛楊心儀，包包裡總是帶著楊心儀的美麗照片，胡璉家人看了，相當喜歡，也開始撮合楊心儀與胡之光。

　　民國四十七年胡之光自台南工學院（今成功大學）土木系畢業後，二人便訂婚，於民國五十年結婚。

　　來台後，楊心儀就讀靜宜英專（靜宜大學前身），還是學生身份時便與胡之光訂婚。楊心儀說，靜宜英專畢業的女生，由於擅長英文，很受美軍顧問團歡迎，常會到學校應徵人才。因公公胡璉觀念傳統保守，不贊成她婚後出外工作，因此，她開始重拾畫筆，利用寒暑假，到邵幼軒的畫室學畫，楊心儀表示，邵幼軒不只是她的啟蒙老師，當時許多官太太也都跟著邵幼軒學畫。

　　楊心儀笑笑說，胡璉將軍雖然南征北討、縱橫大江南北，不過，觀念還是相當傳統，不只主張「男主外、女主內」，與胡之光訂婚後，因胡之光入伍服兵役，有一次，胡之光弟弟好意載楊心儀到服役受訓的內湖工兵學校探視（胡之光當時正在此地受預官第七期專業訓練），胡璉將軍知道後，還發了脾氣，認為弟弟怎可載嫂嫂？

　　原本胡璉一直催促二人趁早結婚，不過，胡之光表示，自己還沒找到好工作，怕養不起老婆，遲未答應，因此，訂婚三年後，才於民國五十年完婚。

　　楊心儀的畫作，曾經成為外交使團的見面禮，楊心儀表示，那時剛好公公胡璉出使越南，因經濟窘迫，沒有太多經費用來購買禮物送當地貴賓，特別把她找去，問她畫功如何？然後，要她挑選一些較滿意的作品，好讓他出使越南時，帶著當做送人的見面禮。由於楊心儀國畫功力深厚，相當受到當地官員、大使們的喜愛，也讓她的畫在越南政壇風靡一時。

　　因為篤信基督，為奉獻教會，楊心儀也多次捐出自己的畫作，供教會運用。

　　楊心儀幼年受庭訓薰陶，喜愛國畫，師承邵幼軒、林中行、賴敬程、陶壽伯、鍾壽仁、黃磊生、歐豪年等；同陳景容學素描、陳子和習書法。先工筆後寫意，舉凡山水雲石、花草蔬果、鳥獸蟲魚、人物仕女等盡入毫端。

　　做人處世相當重視人品德行的楊心儀說，其實，她最愛畫竹，愛其高雅，慕其情操，而高風亮節的展現，更是她一直努力追求的目標與境界。

定居金門後，受限於場地，加上年紀大，老眼昏花，楊心儀表示，這幾年主要以練字為重，畫畫方面，則隨心所欲，不刻意強求。選擇金門做為七十年來首次個展之地，也是胡之光、楊心儀伉儷，延續胡璉將軍對金門之愛的另一種展現。

（2007/02）

蘇星輝辦教育開創一片天

　　「人生能有幾個五十年啊」！蘇星輝一身桃紅色衣衫，映照出滿臉的喜氣。

　　昨天是金門高中校慶會，也是蘇星輝她們這一班——金門高中第五屆學生畢業五十週年紀念日。當年，汗水中，一起搬石頭建圍牆，砲火下，相互照顧同生共死，讓這一屆的同學情感，如鑽石般，隨著歲月輪轉，越見璀璨。

　　擔任桃園育達高中（原為桃園育達商職）董事長的金門女兒蘇星輝，此次專程返金參與母校金門高中校慶，她表示，金門高

中第五屆只有她們這一班，共計四十多人，因此，同學間感情相當好。

民國二十九年次的蘇星輝，老家在金城東門巴薩，父親蘇靜山落番印尼，母親洪素鈿。

金門高中畢業後，為躲八二三砲戰，舉家遷台。蘇星輝指出，前福建省政府主席顏忠誠、外交官呂永美、中華電信李國華等人都是她的高中同學。過世的中正國小老師傅子貞是她的堂姐夫。

蘇星輝赴台就讀實踐家專家政科，後來又前往美國深造，主攻商科。返台後，到桃園育達商職任教，民國四十九年，與該校創辦人王廣亞的弟弟王萬興認識，五十四年結為連理。結婚後，放棄教職，改從事建築業，育有五個子女，為了小孩的教育，蘇星輝帶著孩子赴美生活，從此美國、台灣兩地奔波。

蘇星輝說明，桃園育達商職前身為台北市私立育達商業職業學校中壢分部，設立於民國四十四年。民國六十九年，先生王萬興繼王廣亞之後，接任桃園育達商職董事長一職。民國七十三年二月，王萬興往生，蘇星輝繼任董事長職務。民國八十七年，該校獲准增設高中部普通科；九十一年八月一日改制為桃園育達高中。

接任董事長一職二十多年，回憶這些年，蘇星輝表示，剛接時較辛苦，學校、家庭兩頭都要兼顧，但她下定決心，要把孩子教好，要將學校教育事業辦好，因此，全心投入，終於熬了過來。

蘇星輝指出，她先生和她白手起家，創立學校，歷經很多變化，也面對過相當多的競爭，過去，經濟教育水平不高，父母希望子女學一技之長，因此，私立商職招生容易，時代進步、電腦化

後，所需人力越來越精簡，為順應時代需要，她們全力充實學校設
備，增設普通高中部，成為兼有高職與普通高中的綜合學校。

「勤儉」、「自力更生」是蘇星輝辦學的座右銘。長期教學相
長，讓她感受到，時下的年輕人不夠務實，不像以前老一輩有腳踏
實地的觀念，因此，她除了希望年輕學子腳踏實地外，也提醒他
們，要好好珍惜在校的這段學習光陰。

蘇星輝強調，人在學習階段若能好好輔導，打好基礎，將來進
入社會後，就更能適應，人生也會更順利。

蘇星輝表示，她們這一屆共四十多人，很多同學都是從小學、
初中、高中一起成長，經歷過戰地烽火，也曾同歡共樂，攜手開挖
防空洞，一起搬運石頭建築學校圍牆，所以，同學彼此間的感情很
好，這份超過半世紀的同窗情誼，是她最難珍惜的生命動力，也是
最難忘的人生回憶。

（2008/07）

第三篇

青女人篇

金門縣信用合作社初創與成長見證者
——鄭碧珍

　　金門縣信用合作社最資深員工、服務長達三十七年九個月，見證金信歲月的理事兼總經理鄭碧珍，於民國九十六年四月一日退休，對於一生青春、心血奉獻的所在，鄭碧珍有相當多的感觸，也希望員工能充份發揮管理之責，讓該社永續經營。她也笑說，退休後，將重拾攝影愛好，與地區知名的作家夫婿陳長慶，夫唱婦隨，以筆和鏡頭，共同為金門文史做紀錄、傳承。

　　鄭碧珍表示，因另有生涯規劃，所以在這屆理事屆滿前夕，向理事會提出退休申請，並自四月一日起生效，卸下擔任十餘年的理事兼總經理職務。即使已連任四屆理事，並具備專業理事之資格，且距離六十五歲的總經理屆齡退休尚有一段時日，但鄭碧珍堅持不再參選，並辭總經理職務，提前辦理退休。

　　民國三十八年出生的鄭碧珍，金城北門人，省立北商（台北商專前身）畢業後，即於民國五十八年七月返金，進入由其父鄭劍秋與陳卓凡、顏西川、劉鼎盛、蕭敦樞、李中雄、顏天淵、林添發、馬根秋、傅永成等人發起成立的「金城信用合作社」工作。從最基層的練習生做起，數十年來兢兢業業、努力不懈，歷經助理員、辦事員、稽核員、會計、會計主任、稽核主任、營業部副理等不同職務。承辦過活期存款、支票存款、定期性存款（包括：零存整付、整存整付、存本取息）、透支放款、出納等櫃台工作。其中，擔任會計及會計主任乙職，更長達十五年（民國六十二年至七十七年）之久，充份發揮其專業之角色，善盡審核把關之責。

　　民國八十一年，該社經理董群鐵因病辭世，理事會通過由擔任副理的鄭碧珍接任，民國八十三年，該社改為總經理制，亦由她出任總經理迄今，鄭碧珍不僅是一位經驗豐富、學經歷完整的基層金融人員，在接任經理隔年，年盈餘也由七百九十餘萬元，提升至一千三百餘萬元，民國九十年的盈餘，更高達三千餘萬元。雖然近年來受全球經濟不景氣以及駐軍銳減影響，業績有所下滑，但每年的盈餘仍保持在千餘萬元以上，與國內其他基層金融機構相較，仍屬穩定。

鄭碧珍任職期間，積極吸收新知、充實自我，參加過基層金融研究訓練中心所舉辦的「信用合作社稽核訓練班」、「信用合作社中級幹部訓練班」、「金融相關法規訓練班」、「主管人員金融業務自動化研討班」、「決策主管經驗傳承班」、「商業倫理與公司治理論壇」等各種訓練班，研習數十次之多，希望為合作社貢獻更多心力。

歷經三十餘年金信歲月的鄭碧珍，可説是該社初創時與成長後的見證者，除了嫻熟金融法令外，並以理論與實務相結合，在前理事主席洪水木、理監事充分授權，與全體員工合作無間、共同努力下，讓該社在既有的基礎中穩定發展，據中央存款保險公司最新一季（九十五年第四季）資料顯示，金門縣信用合作社於全體三百零六家基層金融機構中，綜合百分排序為第十七名。

在全球經濟不景氣與金融市場劇烈競爭下，這份成績得來實屬不易，但鄭碧珍不敢居功，始終把這份榮耀，歸功於主管機關的指導，全體理監事和所有社員的支持，以及前理事主席洪水木卓越的領導下，同仁敬業樂群、克服萬難、不畏辛苦、鋭意經營，始能獲得這份成果和殊榮。

對於這屆理事競爭激烈一事，鄭碧珍表示，以前理事選舉都是同額競爭，沒像這屆這樣激烈，她笑説，可能是因為合作社經營績效不錯，受大家肯定，才會有這樣多人有興趣角逐。

鄭碧珍指出，其實理事福利並沒有多優厚，由於是利害關係人，不僅不能辦信用貸款，必須辦抵押貸款，財政部也訂有支給標準規定，開會只有車馬費，也只有一人四十八萬元的優惠存款數目

（年率為九釐），以及出國考察津貼等。擔保貸款一千萬元以上的貸款案件，才需要提理事會審議，其他則依規定授權各單位負責。

不過，理監事卻需要負擔該社股金總額百分之十五的認股責任，平均一人約要認股存款約二百萬元，責任不輕。

在即將離職的前夕，鄭碧珍語重心長地說，信用合作社為全體社員所有，不屬於任何政黨或財團，理事會為合議制，理事除尊重決議、遵守法令外，更必須認清自己的角色，善盡自己的職責，替全體社員負責。惟有大公無私、團結合作，方能讓金門信用合作社永續經營與健全發展。全體同仁更應當感念先進先賢創業維艱，積極奮發、恪守法令，吸收新知、追求效率，以達到服務桑梓之最高目標。

　　鄭碧珍在繁忙工作之餘，也喜歡攝影拍照，對攝影頗有新得，夫婿陳長慶的「陳長慶作品集」十冊以及長篇小說「小美人」封底照片，均出自她的巧手，「金門特約茶室」書中大部分照片，亦由她協助拍攝，鄭碧珍笑說，因為即將退休，無事一身輕，心情相當好，未來將會有更多時間從事攝影工作，夫妻倆將攜手同行，以筆和鏡頭，共同為金門文史做紀錄、傳承。

金門播音站女播音員許冰瑩

　　天色漸亮，刺眼的陽光，讓天和海如熱戀般陷入膠著，分不清彼此，看不到分際，許冰瑩調了調唱片轉盤，唱機裡發出一陣又一陣振奮人心的進行曲，她輕啜口茶，深呼了口氣，視線瞄向海那頭朦朧的廈門島，「親愛的共軍弟兄們……」，又展開播音站新一天的日子。

　　醉心文學，擅長水墨創作的金門籍女畫家許冰瑩，側頭笑笑，「日子過得好快啊」，可不是？這已是三十多年前的往事了。

民國六十四年，還是單打雙不打的混沌時局，二十一歲的許冰瑩考入金門廣播電台當播音員，整整播音三年，一直到民國六十七年才離職赴台發展、結婚生子。

許冰瑩記得，那年地區招考播音員，前往報考的有六、七十人，最後只錄取六人，原本許冰瑩主要是陪同學去報考，沒想到講起國語字正腔圓的她卻被錄取，成了幸運的六人之一。

許冰瑩回憶道，當時地區的播音站都隸屬國防部心戰總隊，另外金門廣播台、太湖的空飄站、台北的光華電台也都屬國防部心戰總隊管轄。

金門廣播電台設在塔后，電台之外還有馬山、古寧頭、湖井頭、大膽等四個廣播站，當時除了金門廣播電台有製作節目、現場播音外，馬山、古寧頭、湖井頭、大膽等四個廣播站都只負責用大喇叭對大陸地區播音喊話。

當時的播音站（廣播站）編制，有站長、播音官、機務官（都是預官）、機務員、播音士，一個播音站，都是二位播音員搭配二位播音士（但馬山、金門廣播電台則設有三位播音員），由於播音站都是二十四小時播送，不停機的，因此，每次她們播音員要播音時都要搭配一位播音士，協助播音工作順利進行。

當年兩岸敵對氣氛未減，播音站都設在坑道裡，播音時，會先播送一段音樂，通常是進行曲之類的，以提振士氣，因為主要是對共軍弟兄喊話，因此，開場白往往都是「親愛的共軍弟兄們」，輕聲細語地，恨不得能喚醒共軍弟兄，起義來歸，投奔自由。

有一年，還真的遇到駕機投奔自由的反共義士。

　　一九七七年（民國六十六年）七月七日，正是中國大陸文革動亂劇烈的一年，中共人民解放空軍獨立偵察第二團隊長范園焱少校，真的駕駛中共製米格十九偵察戰鬥機，飛越台灣海峽，自福建晉江沙堤基地起飛至台南基地投奔自由，中央政府根據反共義士條例，頒給范園焱四千兩黃金，也就是三千二百萬新台幣，並晉升為空軍上校從事心戰任務。

　　反共義士范園焱駕機起義來歸一事，當然成了播音站一再播放的消息。許冰瑩說，當年大陸有不少反共義士投奔自由，我方也有許多駐軍游到對岸，同樣受到大陸刻意的優待。那時，天空很忙，飛機很忙，播音站也很忙，一場無形的拉鋸戰，在台海空中，在金廈水域交會。

　　除了政治宣傳，流行歌曲播放也是引人的重點，我方駐軍守備傾聽之餘，有時還會來電點播歌曲。當年，月亮歌后李珮菁正紅，播放的都是她的「我愛月亮」歌曲，「假如我是一個月亮，我願意高高掛天上，在月裡放光芒，願有情人兒都成雙」，充滿節奏感的音樂，讓許冰瑩有時忍不住會跟著哼上幾句。

　　鄧麗君的歌曲也頗受歡迎，舒緩輕柔的嗓音，總能撫慰離家五百里遠的寂寞戰士。沒想到多年後，動感的月亮歌后李珮菁受傷成殘，夢中情人鄧麗君也早已去世，人生變化之快，讓許冰瑩不勝唏噓。

　　大膽島島小路遠，沒水沒電，交通、生活不便，沒人喜歡到大膽島播音站，因此，為公平計，播音員每三個月要輪調一次，輪流前往馬山、古寧頭、湖井頭、大膽等播音站播音。

許冰瑩印象最深刻的，就是在生活艱苦的大膽島上。

由於缺電，大膽島上要自己發電，因為缺水，用水則要靠環島運送的水車，前往島上的神泉取水運來，受限於對外交通，一周只能收一次信，吃一次青菜，平常大都以罐頭因應。

那年的大膽島，情勢還相當緊張，我方的兩棲陸戰隊，會前往大陸登岸，刺探軍情，大陸蛙兵也會登上大膽摸哨。

許冰瑩説，剛上大膽島時，常會好奇，為甚麼島上部分坑道被封死？探聽後，才知道大膽島上曾發生整個班被對岸摸掉的慘事，每回事發之後，該班駐守的坑道便會被封掉。知道緣由後，每次走過坑道，許冰瑩總會不自禁的起了寒顫。

深夜查哨時，據傳登上大膽的大陸士兵，還會用石子丟人，嚇嚇島上駐防的阿兵哥，向我方示威，暗示他們已登島。

日前許冰瑩接受廈門廣播電台之邀，與在大陸從事廣播員三十二年的陳斐斐對話，陳斐斐的老公是謝清華，曾當過廈門電視台台長，雙方暢談海峽兩岸廣播人的工作甘苦，以及那時候廣播員在金廈水域上空展開的無形空中戰事。

當年國共敵對勢不兩立，如今金廈往來如膠似漆，世事變化果真難以預測，也許這就是人生吧！許冰瑩搖頭嘆息，不過，她知道，這一段與共軍弟兄空中相會的播音歲月，將是她一生中最難忘的戰地記憶。

（2008/07）

大膽島的女播音員

　　十多年前，高中剛畢業的李藍（化名）曾經在金門當過播音員，也曾上大膽島向共軍弟兄溫情喊話，李藍回憶表示，這一段大膽島上的播音歲月，是她生命中很難得的人生歷練，也讓她成長、獨立不少。

　　民國七十九年，李藍高中畢業，原本考上國立藝專（現在的台灣藝術大學）廣電科，因為太戀家想家，捨不得離家，沒等到開學就返金，並決定留在金門工作。

後來在《金門日報》看到軍方刊登招考聘雇播音員的廣告，她便前往應考，錄取後，一待就是五年，直到民國八十四年六月三十日才離開。

李藍是在民國七十九年招考進入播音站，印象中，那一次有數十人應考，共錄取四人，李藍排名第二。考試科目包括：國台語播音、試音；國文；面試。

李藍筆試分數高，不過，卻講一口閩南國語，所以進入播音站後，播音站的學姐都會指導她修正發音，播音站也派她們到台灣光華電台受訓，協助她們正音。

正式分發後，李藍第一站是分到古寧頭播音站，接著每三個月輪調一次，還要輪流到馬山、小金門湖井頭、大膽島的播音站。

李藍說，播音站二十四小時播音，但她們都是八小時上班制，剩下時間的播音工作，由站上軍職人員負責。播音站裡除了她們幾位招考的民間女播音員外，還有站長、播音官、機務官、維修士等。

李藍表示，播音站宛如一個小家庭，雖隸屬軍方，但與認知中的軍隊生活有異，有自己的廚房，站長不是預官就是職業軍人，素質很高，如同父親般關心她們。

到了她們這個年代，除古寧頭播音站有三位播音員外，其他各站都只有二位，古寧頭、馬山因位在本島，只要上班八小時，不必住在播音站上。湖井頭、大膽島則因位處離島，播音員都是睡在站上，其他站若有人休假，有三位播音員的古寧頭播音站，就要派員支援。

在大膽島的播音歲月，最讓李藍難忘。

李藍表示，在大膽島時，讓她充份感受到同島一命。島上都是阿兵哥，只有她們二位女播音員，李藍說，很多人會為她們擔心，其實是很安全的，島上阿兵哥對她們很尊重，她反而覺得處處受到保護。她們也會出來運動跑步，但都儘量團體行動。

由於大膽島不是一般民眾可以上去的，因此，對於島上的一切，她都相當好奇。在大膽島上，也是工作八小時，就像一般單純的上班族一樣。

李藍指出，初上大膽島後，大家都會先去島上的北安寺、北山寺拜拜，以求心安，廟雖然很小，但五臟俱全，是島上國軍弟兄的信仰寄託。

李藍說，其實大膽有二個播音站，但居島中央的小虎山播音站，據說曾被共軍摸哨，後來播音站便移到電廠附近。

由於島上傳說繪聲繪影，因此，下午五點過後，連狗都不敢靠近小虎山。有一次因為好奇，她跟著站上弟兄偷偷去探險，幾個人鑽進洞口低凹的小虎山播音站中，迎面就是一座水泥砌成的小水池，裡面有灘水漬歷久不乾，在光線照映下，隱約透出紅色，如同傳說中的血水，讓人不寒而慄。

上大膽島一個半月後，就可以返回大金休假一周，二位女播音員都是一起輪休的。李藍還記得當時島上的指揮官王宗智，他不只重視環保，要求島上的樹不能砍，也有很好的觀念，就是倡導自給自足。由於大膽島位於汪洋大海中，受天候影響極大，霧季一來，補給的菜船便告中斷，往往長達一周都可能沒有船上島，因此，王

宗智會要求大家養雞、種菜、種西瓜，還開起麵包店，以因應補給中斷問題。

隨著兩岸情勢的和緩、資訊的發達，對共軍的播音工作逐漸面臨走入歷史的命運，李藍這期之後，軍方又招考一期（康硯雯就是這一期進入的），便沒再招聘女播音員了，李藍說，一年一聘的播音員工作相關福利很好，站上長官也很照顧，但因為姐妹淘一一轉換跑道，她與其他播音員也跟著學姐們的腳步，紛紛離職。

回首過往，李藍表示，大膽島上的播音歲月，對她來說，是相當深刻的一段人生歷練，讓她培養出獨立的人格特質，而五年的軍中生活、軍中倫理教育，也讓她在往後的職場生涯受益匪淺。

（2008/07）

燒《金門日報》的女人

　　「阿爸，這是每一日的《金門日報》，你就好好看，……」，中元節一到，李霖虹除了燒金紙給她阿爸外，還有一整捆一整捆過期的、當年度的《金門日報》，熊熊烈火，將原本就被日頭曬得黝黑的面龐，映照得更加發亮，成捆的《金門日報》，是她寫給阿爸的家書，李霖虹喃喃自語，別人不瞭解，但她深信，她天上的阿爸一定看得懂。

　　已經二十年了。從民國七十幾年開始，每年的清明、七月半（中元節）、冬至，四十四年次的李霖虹（原名李能鳳）就會將收

集了好幾個月、按日期順序擺放的成捆《金門日報》，載到墓地、殯儀館，燒給她已過世的阿爸看。

李霖虹表示，她阿爸李滄洲從小唸私塾，認識字，愛看書，年輕時到城裡賣菜，就會順道買上一本古書閱讀，阿爸也喜歡看《金門日報》，以前家貧，沒訂報，都是向鄰居親戚借來看，民國六十九年某一天，身體還勇健時，與她閒聊，竟然對她說，萬一過世，如果有錢，要記得訂份《金門日報》，燒給他看，李霖虹當是阿爸愛說笑，隨口答應，也沒當一回事，沒想到半年後，阿爸卻因心血管問題去世，過世時才五十一歲。

現在當公園清潔工的李霖虹說，早年因為經濟不佳，沒有訂報，民國七十幾年開始，家裡訂了《金門日報》後，每年才正式按清明、七月半（中元節）、冬至三節，分三次將當年度的《金門日報》燒給阿爸。剛開始是載到墓地燒，之後阿爸撿骨入駐殯儀館，才改載到殯儀館。

為了不讓阿爸漏看報紙，李霖虹每天都將當日的《金門日報》妥善保存，按日按月疊成一捆，有時被孩子不慎弄丟，她也會堅持全家動員尋找，絕不能有所缺漏，對於李霖虹定期燒《金門日報》給阿爸的做法，家人常會質疑，老人家真的收得到嗎？

李霖虹篤定地表示，阿爸真的有收到，她說，有一次，她還特地擲筊（「搏杯」），問阿爸有沒有收到《金門日報》？知不知道金門的現況？結果連擲了好幾次「聖筊」（「聖杯」），阿爸還告訴她，由報紙中，知道金門現在很進步。

又有一次，因為工作忙錄，原本照例要燒報紙的三節當天，無法按時燒，李霖虹擲筊請示阿爸可否改期，但一直擲不到「聖筊」，她只好依照阿爸的意思，仍然於三節焚燒報紙。

李霖虹是古寧頭南山人，在前水頭出生、長大，她說，她阿公到前水頭幫人工作掏沙，娶了前水頭女兒，就此落戶前水頭，後來，阿爸也娶了前水頭的阿母黃別玉。

八二三砲戰時，阿爸、伯父、鄰居受僱到田裡除草、耕作，突然砲聲轟轟作響，阿爸趕緊找地方掩護，看到伯父們還未躲避戰火，又起身探頭呼喚二人，沒想到一陣砲火來襲，伯父與鄰居當場慘死，腸肚流出，阿爸也被炸斷右手右腳。

李霖虹當年才三歲大，看到滿身是血的阿爸，也不懂得害怕，只知道慌慌張張的跑回家，叫阿母。然後，插著紅十字的吉普車便將阿爸載走。

「別人流一滴汗，阿爸要流三滴汗」，李霖虹認為，受到砲火摧殘，只剩左手左腳的阿爸，比別人都要辛苦。

為了養活一家，阿爸單手掌犁，阿母則牽牛前行，夫妻倆聯手犁好田。李霖虹和弟弟就在後頭撿花生、地瓜，供一家人充飢。

雖然有人對於李霖虹燒《金門日報》的舉動，無法理解，有人還會偷笑，但李霖虹認為，阿爸為一家人操勞，年紀不大就不幸過世，相當不值得，如果死後想要的東西，還不能給他，那就更加不值得，因此，只要她還健康，一定信守與阿爸的約定，繼續燒金門日報給天上的阿爸看。

（2007/08）

藝術家美「眉」──許玉音

藝術家美「眉」！

金門在地女畫家許玉音除畫得一手好畫，也擁有一手紋繡眉的好功夫。在她的藝術家巧手下，紋繡眉變得氣質別具、格外有味。

國立藝專美工設計科畢業的許玉音，是金門少數專業畫家之一，鄉親都知道她的油畫畫得好，也瞭解她的畫作獲時任法務部長馬英九青睞收藏，但知道她也是個紋繡眉高手的人就不多了。

對一切美的事物都有濃厚興趣的許玉音，民國七十二年，進入藝專就讀前，就開始接觸、學習紋眉（現稱繡眉）技藝，也曾赴日

示範教學，從事紋繡眉工作至今二十三年。許玉音將紋繡眉當作她的另一種藝術創作，由於具有美學基礎，讓紋繡眉多了股藝術味道。

許玉音在繪畫創作之餘，把本身所學的美術設計融入紋繡眉藝術中，由於本身具有敏銳的美感，對線條描繪、造型設計、色彩調配都有獨特見解，把眉、眼紋繡當做藝術品般雕琢，精細的手工，提高了紋繡眉的質感，成了另一種臉部的藝術創作。

擅長畫風景、花卉的許玉音，慣於運用女性纖細的特質，巧妙掌握繽紛濃郁的油彩，描繪出夢幻般詩情畫意的自然景色。紋繡眉也一樣，透過她獨特的美感與體驗，常帶給婦女朋友們毫不匠氣的驚喜。

悠遊於出世與入世裡，倘佯在繪畫與紋眉間，許玉音執著於美的追求，自在而真實地活在當下。

許玉音笑笑說，紋眉只是人生插曲，畫畫、禪修才是她終身的心靈伴侶。雖然經濟不甚寬裕，但執著於繪畫，與另一半逍遙同修的神仙眷侶生活，羨煞不少被日常家庭瑣事所苦的女性朋友。

許玉音的畫作，畫如其人，有種與生俱來的單純、空靈感，畫面簡單樸實、又蘊藏溫暖，宛若天外清音，觀看其畫，種種雜念、不安，頓時沉澱。

畫作中，許多是對這塊生長的母島，眷戀關愛之情的顯現，以她相當喜歡、看似寫實，卻又意象豐盈的一幅畫作《等待》為例，許玉音所要傳達的，是官裡村老婦因「丈夫和兒子下南洋謀生未歸，

苦苦盼望和等待」的心酸心境，事實
上，那也是對她古崗阿嬤的思念。

　　許玉音幽幽地說，阿嬤自廈門嫁
來金門、大女兒又從金門嫁到廈門，
一九四九年兩岸分離後，阿嬤到不了
廈門、女兒回不來金門；阿嬤竟日倚
門望歸，直到終老。

　　老婦倚門望歸，令人神傷，「這
樣的故事情節比比皆是，但官裡的老
婦人卻讓我懷念起古崗阿嬤，一生都
在苦苦的等待，有點感傷，所以把她
畫下」，許玉音自述創作《等待》的
動機，那充滿著時代的悲情、島嶼的
宿命，在艱難滄桑的歲月，尋找出路
的忐忑，與天爭戰的韌性，也正是她
一幅幅畫作的最初原動力。

　　別人用文字、用鏡頭，讓人生不
留白，鍾情於繪畫的許玉音，則期許自
己，用一生、以彩筆，為歷經苦難的故
鄉，保留一張張堅強而美麗的容顏。

　　　　　　（2007、2010）

在英國推動中國年活動的呂束珠

　　一九九八年，一萬公里外的二月天，英倫島上，陣陣的白雪翩翩降臨。威爾斯亞伯里斯特威斯（Aberystwyth）小鎮，亞伯里斯特威斯大學裡，正在唸研究所的唯一金門女學生呂束珠，望著蕭然落雪，孤獨地過她異國的第一個農曆春節。

　　原籍金門金湖料羅的呂束珠，畢業於柏村國小，湖中唸一年後，因家庭因素，於民國七十一年赴台，半工半讀，先唸豐原國中補校、明道中學，後來考取台北師範學院幼教系。半工半讀的人生

磨練，讓呂束珠養成獨立刻苦的精神。這段期間，因為興趣，她開始加入早期的魔奇兒童劇團，並參與演出。

一九九八年，呂束珠前往英國亞伯里斯特威斯大學留學，攻讀劇場教育碩士，獲得碩士學位後，獲該校聘用，兼任教授中國語文及傳統藝術課程。

不想舟車勞頓跑到陌生的伯明罕中國城過年取暖，也不願年年和自己的背影共進團圓飯，二〇〇三年，任教於亞伯里斯特威斯大學的呂束珠，決定創立亞伯里斯特威斯－中華嘉年華會協會，並自隔年（二〇〇四年）起，在遙遠的異鄉，熱鬧哄哄地舉辦故鄉才有的中國年活動。

呂束珠表示，當地台灣學生極少，原本有三位來自台灣的學生，後來相繼畢業。大陸學生雖多，但剛開始，以為她藉活動搞政治，對她相當排斥、抵制，因此，雖然名稱上是成立協會，但實際上，她可以說是「校長兼撞鐘」，一切都要自己來，呂束珠自掏腰包，加上靠著寥寥幾位外國學生義務幫忙，以新台幣三千元，辦了第一個中國年活動，有民俗表演，有中國電影欣賞，還有討論會。

第二年，大陸學生瞭解到呂束珠辦的中國年，是純粹文化性的活動，因此，開始有大陸學生願意加入參與，這一屆的中國年花了一萬多元的台幣。

第三年，也就是去年（二〇〇六年，民國九十五年），她開始向外界籌募申請經費，共籌到十八萬元台幣，中國年的活動當然更精采了，而該校五百多名大陸學生中，則有二百多位學生都來參與中國年的活動。

今年（民國九十六年）農曆年，包括捐款，呂束珠已獲得當地四十萬元台幣的經費支助。而經過多年的籌辦，現在由呂束珠舉辦的中國年活動，已經成了聖誕節後，當地居民最期盼的節日。明年，二〇〇八年，英國更將它訂為「中國年」，也讓呂束珠絞盡腦汁，發願要越辦越好，更決定要以金門為主題，讓更多的英國人看到、瞭解到故鄉金門。

呂束珠隻身成立的「亞伯里斯特威斯─中華嘉年華會協會」，截至目前為止，只有六位會員，都是英國威爾斯人，且幾乎都只是名義上的會員，真正實際在推動運作的，只有呂束珠一人。

威爾斯亞伯里斯特威斯小鎮人口不多，呂束珠估計，不超過十萬人，其中，亞伯里斯特威斯大學學生有八千人、教職員三千多人，小鎮以學生為主要客源，酒吧就有六十一間之多。由於扣稅重，約佔收入所得的百分之二十四，而政府對失業者有不錯的補助措施，失業者每人每周約可領三千五百元台幣，另外還有房屋津貼，有的人便不去工作，生活較閒散。

威爾斯亞伯里斯特威斯小鎮物資便宜，生活費用低，二手商店特多，居民較重視精神層面的生活，冬天人少，夏天則會湧進許多觀光客，是個生活安逸、步調緩慢之地，因此，外地的人常以「亞伯里斯特威斯陷阱」，形容該地的閒適，會讓人流連忘返，一踏入便不想離開。

當地，冬天下午三點太陽便下山，溫度約五至十度，晚上有時會低到零下溫度，目前有一間二十四小時的小超商，其他小店下午五至六時便打烊。

　　除亞伯里斯特威斯大學有約五百名的大陸學生外，在當地工作的華人只有三十多人，且都是香港人。

　　呂束珠說，十年前，中國大陸去的學生，都是以公費出國的，十年後的現在，大都是自費出國，生活富裕，還買車代步，兩岸經濟實力的消長，讓她感嘆不已。

　　呂束珠很開心的是，她單打獨鬥、籌辦已四年的中國年活動，逐漸開花結果，去年開始，已經有英國全國性的電視台加以報導，還有一位當初曾參與過活動的中國人，把該活動構想移植到英國威爾斯的卡地夫，在卡地夫辦起中國年活動。

　　在舉目無親的異國，靠著自己的力量，在教學之餘，呂束珠不畏抵制，以金門囡仔的「憨膽」，勇敢地籌辦了中國年系列活動，讓當地居民有機會接觸、領略中國文化，也逐漸獲得迴響，也許，對很多人來說，它只是個不起眼的節慶活動，但是，對於長年漂流、生活在遙遠異鄉的遊子而言，卻是撫平鄉愁，重獲新生的一大力量。

（2007/09）

生命的流浪舞者陳則錞

「王維壽陳則錞──生命摯愛獵影展」於四月份在金門縣立文化局登場。這二人個性一靜一動的奇妙結合，就如攝影展名稱，那般地鮮明耀眼。

常常，在大夥的聚會場合，突然有位女子，隨著流洩的音樂，率性地擺動起舞；也曾在太武山林中，瞥見她無視往來登山客的吃驚眼光，沿著山路盡情伸展雙手，或是手舞足蹈著，向天地打招呼。

彷彿穿著流浪舞衣的那女子，她就是陳則錞。

我就是我。

這樣的信仰，讓她在生命戲場的前半折子，活得精采，卻也走得踉蹌；不過，這樣的生命歷程，卻讓她更能體會人世的苦楚，更懂得包容旁人的不同。

在銘傳大學應用中國文學系碩士論文「李清照詞生命意境之研究——以生死學觀點探討」謝辭中，五十七年次的陳則錞，敘述著自己多年來成住壞空的生命旅程與成長，「古城獨居、三芝作陶和多年的宗教之旅，是我的沉潛期；台北時期的醫院義工與臨終助念，助我更貼近生命；溯溪攀岩騎馬自助旅遊登百岳，使我更能與大自然相嬉相融；甚至從年少以來，我為之困惑多年的外公往生，此刻想來，也是充滿感恩！因為它是開啟我此生探索心靈世界的第一把鑰匙」。

過去一直是個生命頑童，浪跡天涯的野丫頭，在認識並與魏健峰結為伴侶，孕育了小壯丁子淵後，陳則錞的心境，有了不同的體會與變化，率性自我的她，歡喜讚嘆大化的奧妙之餘，也開始點點滴滴學著——更如實單純的存在。

這些生命心情轉折，陳則錞用鏡頭來紀錄、言說。所歷經過的生命滄桑與心情縮影，也成了攝影展中，與觀眾對話溝通的元素。

一向與眾不同的陳則錞，喜歡由水中倒影看世界，一幅幅的倒影圖，就是她內心思想世界的寫照，「看水中倒影，以為假的，但其實也是真的」，陳則錞如是說，有了兒子子淵後，顛倒的世界，添了更多溫暖與真實，因此，子淵的喜怒哀樂、豪放哭笑，也成了生命中的重要元素。

　　關於攝影展的名稱，「生命摯愛
獵影展」，陳則錞說，構想來自於
她碩士論文的研究主軸（生、愛、
死），而「獵影」則源自於她所激賞
的一位女攝影家紀傳影片之片名。

　　其實，這場攝影展的主角原本預
訂三人，不過，另一位參展夥伴周成
仁不幸去世，以致無法參展，突來的
變故，憑添遺憾、無奈，也許吧？！
這就是生命摯愛的真正實相。

（2007/04）

PS：多年後，陳則錞又添了一個女兒，
　　肚裡又懷了另一個，以隨性卻不隨
　　便的態度，和兒女們互動，面對人
　　生風雨，勇敢而坦然，讓周遭的
　　朋友，也感染了那份無畏無懼的
　　勇氣。

　　　她在金技院教授「生死
　　學」，要大家看重生命，但更要
　　輕放生命，讓生死隨著它的本
　　然，自在地運行。人生的悲喜苦

難，於她，恍如流轉的四季，來了，就放寬心接受，變了，就靜心品味。而她，看似生命的流浪舞者，事實上，是生命在她身上自在流浪。

演藝新星楊珮君

國中畢業，除了升讀高中、高職，還有沒有其他的發展可能？

八十年次、喜歡表演、今年自湖中畢業的楊珮君，在母親李敏娟的鼓勵下，報考華崗藝校戲劇科，在全國一百多名考生中，以第七名高分錄取，成為大小S、王心凌、楊丞琳、林志穎等人的學妹，她希望以心目中的偶像楊丞琳為榜樣，走出一條不一樣的人生道路。

楊珮君從小就有表演天份，小學時期就是金門縣少年合唱團第一梯次的團員，也是學校朗讀、演講、運動的常勝軍，又擔任學校

司儀，長期磨練的結果，讓她絲毫不怕上台，從容大方，去年還曾參加金湖鎮花蛤季花蛤仙子選美比賽，榮獲最佳才藝。

楊珮君很感謝母親李敏娟的支持、鼓勵，並協助她報考華崗藝校，朝自己感興趣的道路前進。

事實上，楊珮君的表演天份，源自於母親李敏娟，母親李敏娟年輕時，約民國七十四至七十七年間，還是金門文化工作隊的隊員之一，舉凡唱歌、舞蹈、演戲，都十分拿手，目前當紅的主持人吳宗憲，就是同期團員，當時金門文化工作隊係由縣府籌組，主要任務是到各地、各部隊表演勞軍，相當知名。

楊珮君的父親楊添壽原本不支持女兒報考華崗藝校，因為擔心演藝圈複雜，演藝路難走，為了讓女兒死心，到了報名截止當天，才予放行。楊珮君是在母親陪同下，於報名截止日當天上午，搭機趕往台北華崗藝校，於中午截止前完成報名，參加獨立招生考試，沒想到考試結果，表演的術科部分，相當出色，打敗包括許多才藝班高材生在內的一百二十多名考生，成績躍升為第七名，也成為錄取的十八人之一，讓父親楊添壽大出意外。

楊珮君表示，考試分為筆試、術科考試二種，她報考的戲劇科，筆試方面，計有自我介紹、廣告詞撰寫；術科考試，內容則有：音質音色、肢體律動、專長表演、面試等。

筆試的廣告詞部分，重在創意，楊珮君寫的是情侶吵架，吃長長的冰淇淋化解過程；術科方面，佔百分之二十的音質音色部分，她得十七點五分；佔百分之二十五的肢體律動，得二十一點五分；

佔百分之二十的專長表演，得十八分；另外，佔百分之二十五的面試部分，得二十二點五分，術科總分高達八十七點五分。

　　一次四位考生同場表演考試，許多考生因為太緊張，不是表演失常，就是得失心太重當場落淚，楊珮君說，她也會緊張，但是，在湖中小長期的上台經驗、訓練，讓她能以平常心演出，獲得好成績。

　　肢體律動部分，是由華崗藝校學姐帶領考生跳躍舞動，再由主考老師評斷考生的肢體協調性，楊珮君表示，小時候曾跟著張慧玲習舞，因此，舞來輕鬆自在。

　　專長表演部分，相較於台北長期浸淫才藝班的同場考生，原本是楊珮君較弱的一項，不過，在母親的協助下，也獲得高分。楊珮君指出，她選擇清唱小城故事，並改成「金門故事」，中間再加上參加金門少年合唱團時的閩南語演出口白，「貢糖甜甜麵線白，尚好喝是金門酒，一條根保長壽，陶瓷體形好模樣」，展現金門的獨有特色，也獲得肯定。

　　一百六十二公分高、四十五公斤重的楊珮君，平常最喜歡看偶像劇，最喜歡的偶像是華崗藝校校友楊丞琳以及賀軍翔。她希望自己能向楊丞琳看齊，未來也能當個出色的演員。

　　當大多數的國生畢業生還在為選填高中、職傷腦筋時，楊珮君已找到自己的人生方向，快樂而自在地向前行。

（2007/08）

參展金門碉堡藝術節的女詩人
——歐陽柏燕

用「心」看碉堡，用「詩」扮碉堡。

今年的碉堡藝術節，在長寮碉堡A區中，知名詩人白靈、詹澈、旅台作家藝術家歐陽柏燕與翁翁四人，也有多件呈現金門在地碉堡精神的創意藝術裝置品展出。

四人合作呈現的裝置藝術「彩妝帳篷‧遊走四方」，就是以「詩」突顯碉堡地景的作品。

十座六角形的彩妝帳篷，羅列在滾滾黃沙的黃土地上。每一座迷彩帳篷上，繫上六首不同的新詩，六十首新詩，沿著碉堡群，和由木麻黃樹搖曳出的暖風，一路唱和。

有白靈的〈翻滾的金門〉，有詹澈的〈碉堡·蝶魚與蝴蝶的尾巴〉，有歐陽柏燕的〈荒野遍開一朵朵死不透的歌〉，也有翁翁的〈遠方的碉堡〉等。

關於碉堡，白靈這樣呢喃：「金門人是翻滾的炮彈中移動的碉堡／翻滾的金門人是碉堡中移動的炮彈／金門移動的碉堡是炮彈中翻滾的人／炮彈是翻滾的碉堡中移動的金門人／碉堡人是移翻的金門中炮彈的滾動／人移動的是炮彈翻滾中碉堡的金門。」

他也如此註記地雷，「哪個人敢說／他／她身上不帶著／幾顆地雷的？／有時炸自己／有時炸別人。」

詹澈則吟唱，「彷彿在水霧裡浮動著船蓬的碉堡／在晨曦中清醒了／碉堡的眼睛／看見昨夜的死亡／碉堡的嘴巴／吞下了多餘的語言／讓它蒼老吧／讓蒼老的碉堡／逐漸殘疾／它的眼睛再也看不見不需要的敵人／眼尾紋例如蝶魚或蝴蝶的尾巴／蒼老的碉堡／體會了人類的／真正的謙卑與和平。」

歷經過戰地歲月的金門女兒歐陽柏燕，不禁感嘆，「撫摩著歌聲裡的傷痕／／子彈穿過戰役的疼痛／塵沙斜斜插入／／碉堡的心臟／我們將疑雲藏匿在深海／猜忌的風聲當肥餌／只管垂釣月光圓滿的意象／相約在島上。」

歐陽柏燕提醒鄉親，置身碉堡群時，除了欣賞裝置藝術、吟詠詩作外，只要戴上護目鏡，在安全距離內朝靶心射擊，就可參與另

一項驚爆好玩的現場「射擊藝術」即興創作——〈變身・飛翔・自碉堡心窩射出一幅畫〉。

　「戰爭是無情的，人民是無辜的，和平是無價的，不是金門人、不曾在金門打過仗，真的是無法真正認識金門」，第三度參與金門文化藝術節活動的歐陽柏燕說，為了心中的愛與和平，只要主、客觀因素允許，他們未來將繼續以詩彩妝下一座碉堡，她也特別感謝連續兩年熱情參與的地區廠商：聖祖貢糖、金合利鋼刀、馬家麵線、一條根實業社，以及一起為金門碉堡付出的所有朋友。

（2007/09）

巴拉圭的蘇珊娜

「繃基亞！」（葡萄牙語）、「部安狄亞！」（西班牙語）、「good morning！」（英文語）、「早安」（國語）、「高早」（閩南語），精通多國語言，有著褐髮褐眼、西方臉孔，卻流著金門人血液，會說一口道地閩南語的蘇珊娜，跟著水頭出生的高齡阿嬤黃愛菊，飛越大半個地球，由遙遠的熱帶巴拉圭，飛抵冷冽的海島，只為了再會她體內的原鄉——金門！

蘇珊娜稱呼國家田徑教練楊媽輝伯父。遠在巴拉圭落地生根的蘇珊娜一家，可能是離原鄉最遠的金門人。

　　現年七十五歲的蘇珊娜祖母黃愛菊，是水頭女兒，民國四十二年與駐守水頭的海軍張元昌結為夫妻，民國四十三年九三砲戰前夕，在戰火威脅中生下了張金台——蘇珊娜的父親。

　　九三砲戰後，黃愛菊帶著襁褓中的張金台，跟著張元昌部隊移防，從基隆坐煤車，一路奔波，落腳於左營。

　　張金台台大外文系畢業後，於二十四年前，帶著一千四百元美金，前往巴拉圭闖天下，二年後，將全家人接往巴拉圭，從此展開張家的海外移民史。

　　張金台由簽證業務做起，又做電腦零組件生意、電腦遊戲機、報關、倉儲，二十四年後，在巴拉圭建立起自己的高爾夫球場王國。曾經一年繳稅五百萬美金，名列巴拉圭納稅第一名，還因此獲得美國的永久簽證特殊待遇。

　　之所以會闢建高爾夫球場，也是有一段緣由。崇尚自然、喜歡赤腳打高爾夫球的張金台，曾被球場拒於門外，一氣之下，買下一百公頃山林地，獨力闢建成巴拉圭知名的「巴拉伊索高爾夫球場」。

　　母親是巴西人，中巴混血的蘇珊娜，外表洋化，內心卻十足東方味。蘇珊娜在巴西福斯市出生後，全家便跟著父親張金台遷居巴拉圭東方市，這是個各國人種匯聚之地，道路的左邊是阿根廷，右邊是巴拉圭，過了橋，又是南美大國巴西，市區中，日本人、西班牙人、巴西人、阿拉伯人、中國人，舉目可見，多元的文化衝擊，讓蘇珊娜有著超乎年齡的早熟。

　　蘇珊娜上午唸西班牙文、下午學英文，晚上則到當地中文學校學中文，在家時，阿嬤會要求她說閩南語，爸爸則要她學習老子、三字經、講禪修道，讓她不忘本，「這次回來，阿爸還叫我幫忙買《道德經》ㄟ。」蘇珊娜靦腆地說。除了為父親買書外，她也想找一些金門在地的教科書，帶回巴拉圭好好閱讀。高中畢業後，她則計畫返台唸企管，未來好接手父親的企業。

　　返金的這些日子，她最開心的是，跟著伯父伯母上山尋幽訪勝，又跟很多同年齡的金門朋友進行交流，還可以盡情享受她心目中的人間美味「金門貢糖」。雖然每次返鄉，都得大費周章，由巴拉圭東方市，坐車到巴西福斯市，再搭機到巴西聖保羅、美國洛杉磯、日本東京市、台北市、金門，一趟返金旅程，不算轉機時間，單是搭飛機就要花掉三十多個小時，機票費也高達十萬元，但她和阿嬤仍禁不住原鄉的呼喚，返金共計五次之多。

　　落葉歸根，是每個中國人一生的最後心願，但對遠在大半個地球之外的蘇珊娜一家，卻是個奢求。阿公張元昌死前還叮囑，要葬在自家高爾夫球場內，面向東方，雖然身在遙遠的異鄉，也要永遠心繫祖國。念舊的阿嬤，不忍與故鄉斷絕，戶籍執意留在原鄉金門，這一切，蘇珊娜看在眼裡，也感動在心底，成為她和原鄉金門緊緊相繫的最主要力量。

（2007/02）

珍香餅店，母女傳香

　　后浦靜謐的小巷裡，傳來陣陣熟悉的麵粉香與談笑聲。

　　洪秀珍一家，正快樂地做著糕點。六十三歲的丈夫林照現搓麵糰，五十四歲的洪秀珍巧手捏製，年輕力壯、二十八歲的大兒子林建富則負責搬運、油炸，也幫忙製作。麻花、糖餅、花生粩、蔴粩、寸棗糖、豬腰餅（豬哥餅）、金貢豆，這些金門傳統小點心，滿足了鄉親的脾胃，也豐富了島鄉人的記憶。

　　來自小金門西方的洪秀珍，娘家世代做糕點。出生大陸惠安的外公，擁有一身製餅的好手藝。

　　洪秀珍的父親洪金造原本與祖父母落番新加坡，祖父母過世後，十多歲的父親返金投靠洪秀珍的外婆、外公，並跟著外公學習做糕餅。

　　父親稱外婆阿姑，與母親林瑞美是表兄妹，二人結婚後，開了金瑞成餅鋪。之後，更經營成知名的金瑞成貢糖廠。

　　福態的洪秀珍從小便在外公外婆家長大，也學了一手祖傳好手藝。丈夫林照現原在小金上林「殺豬」。民國六十六年一家人搬到大金門，開了「珍香餅店」後，才跟著妻子學做糕點，如今手藝也不差。

　　「珍香餅店」原本租駐在浯江街底、華都理髮店附近，民國七十九年搬到現址，終於擁有屬於自己的糕餅店。店招還是由擅長書法的弟弟洪松柏題就。

　　麻花是洪秀珍的拿手絕活，「閉著眼也能做成」，洪秀珍笑著說，偏頭與丈夫談笑，兩手慣性地將麵糰搓長後，對折，再順著搓成捲狀，小巧的麻花於焉成形，經油炸、和上糖、蒜蓉，讓人滿嘴甜香的麻花便誕生。

　　麻花用的是中筋麵粉，較低筋Q，須要加上油搓成麵糰，才不會黏在一起。

　　因為夏天天氣黏潮，因此做的糕餅樣式較少，冬天做的花樣較多。

　　洪秀珍說，冬天近過年時，生意較好，因為不少鄉親返金過年，返台時不忘帶上幾包傳統小糕點，給自己或親友，聊慰鄉愁。清明時節，潤捲皮包花生糕，另有一番風味，因此，生意也還算不

錯。不過比起從前農業時代，可就差多了，洪秀珍指出，早期農
忙，體力消耗大，習慣買小點心充饑，有時，還需要外送，因此銷
路大，生意較好。小三通後，去廈門的多，到台灣的次數少，購買
的意願也跟著降低不少。

　　大兒子林建富當完兵後，承繼起做糕餅的棒子，現在也同父母
一樣，練就一身不用眼看也能做餅的功夫。

　　正說笑著，洪秀珍的老母親林瑞美、妹妹洪秀琴剛到城隍廟上
完香，提著竹籃進來，洗好手後，母女三人各據一方，和麵、捏
製，一展當年祖傳餅鋪的紮實功夫，重溫聯手做糕餅的兒時記憶。
只是，隨著年華漸老，熟悉的傳統餅香也慢慢淡去，在熱鬧嘈雜的
街市、華麗耀眼的店招下，缺了製餅記憶的現代糕點，彷彿也少了
那一丁點無法形容的味道。

（2007/02）

堅持「古早味」的小籠包老板
——洪進治、王明麗

　　一早，城隍廟旁的「進麗小籠包店」就傳來嬉鬧聲，說說笑笑地逗顧客開心。

　　洪進治、王明麗兩位媽媽一邊和著麵糰，一邊笑著說，用兩人名字取成的小店，到今年已邁向第二十個年頭。

　　談起兩人製作小籠包的歷程，洪進治說，除了姊夫略加指導外，都是做中學、學中做，剛開始做出的小籠包，包包開花，不僅

味道不對，外形更是千奇百怪，賣相不佳，所幸經過多番摸索後，才做出心得來。

不識字的洪進治認為，自己的小籠包沒有「撇步」，如果硬要説出不同，那就在她們對「古早味」的堅持吧！用手和、不用機器，且堅持用古早手法、不用發粉，是她們小籠包特別有味的原因。

愛説笑的洪進治表示，以前曾有媒體訪問她們，如何製作小籠包，她答以「機器二台」，記者遍尋小店，就是找不到機器在哪，後來才瞭解，原來指的是洪進治、王明麗兩人。

洪進治説，小籠包的外皮是用手工和成，豬肉則採用金門豬，至於部位，她笑説是她們的獨家秘方，不能説。一切用料都是前一晚準備好，隔天一早製作。

好吃的小籠包，不只聞名地區，不少鄉親赴台也不忘帶幾盒滿足口慾，駐軍官兵休假返台帶回去當名產的，也時有所聞。

「我們的兩相好，是金門最好吃的」，談小籠包時，二人特別提及該店的炸雙包胎（兩相好），因未摻入「阿摩尼亞」，更值得一嚐。剛開始，因為抓不到訣竅，炸出來的兩雙好，還曾被顧客笑説「天天有新花樣，一天一個樣」。

二十年前，小籠包一個三元，十年前，提高為一個四元，一晃，二十個年頭，就在説説笑笑、和麵包料中度過，當年亮眼的「進麗」招牌，如今已在油煙塵土中變形走樣，不變的是，熟悉的小籠包家鄉味，以及傳自小店，陣陣親切的吆喝聲。

（2007/02）

賣蚵嗲的楊秀珍

　　台北人時興喝下午茶，配上一塊精緻的甜點蛋糕，就是人生的一大享受；金門人下午也吃點心，傳統道地的金門美食點心，和台北甜點不一樣，來金門的觀光客，在遊覽之餘，也別忘了買來嚐上幾口。現在，就一起來尋訪金門人的下午茶點心吧！

　　金門傳統的下午茶點心，主要有：蚵嗲、滿煎糕、鹹粿炸、小籠包、燒餅等多種，這些美味點心，金城市區統統吃得到。

　　說起蚵嗲，位於金城市區貞節牌坊旁的「蚵嗲之家」就不能不提，下午三點多，多數人還處在午休後的朦朧狀態，已經有不少嘴

饞的鄉親、觀光客聞香而來,排隊等著買蚵嗲。

　　小小的攤子,除了炸蚵嗲,還有炸春捲、芝麻球、炸芋頭、炸薯條、蔬菜炸。小勺子裝上薄薄的麵粉泥,再放上一團高麗菜、豆芽、紅蘿蔔、韭菜等六種蔬菜絲,再抓一把金門的野生石頭蚵,淋上麵粉泥,放入大鼎中炸成金黃,再放入另一只鍋中炸第二回,便成了酥脆好吃的蚵嗲。一個二十元的蚵嗲,現炸現吃,口味鮮美,難怪往往不到黃昏,蚵嗲就已全數賣光。

　　已經接手十多年的老板娘楊秀珍表示,她們家在觀音亭、貞節牌坊炸蚵嗲已經祖傳三代,從阿嬤、母親到她,有數十年的歷史,皮薄餡多、口味道地,應該是受歡迎的主要原因。

　　除了炸蚵嗲,這裡的炸春捲也相當有名,採用自家擦製的「潤餅皮」,內包高麗、紅蘿蔔菜蔬及金門石頭蚵,外面再裹上麵粉泥,下鍋炸熟,便是另一道傳統美食點心。

　　炸春捲之所以好吃,皮薄又Q勁十足的潤餅皮是關鍵,老板娘楊秀珍的母親張能宜,所擦製的潤餅皮,在金門遠近馳名,每年清明時節,金門地區習俗要吃潤餅,鄉親都喜歡到他們這裡來買潤餅皮,雖然價錢較其他店稍貴,但皮薄又Q勁十足的滋味,讓鄉親還是甘願排隊購買,大排長龍的景象,常讓觀光客稱奇,楊秀珍所用的潤餅皮就是自家擦製的。

　　另外,蔬菜炸也是道讓人回味的小點心,早年地區貧困,鄉人三餐吃稀飯時,常會購買蔬菜炸佐餐,既便宜又好吃,因此,念舊的民眾,偶而也會買份蔬菜炸,回味舊時光。

（2007/02）

祖傳滿煎糕——李素貞

　　「甚麼是滿煎糕」？初來乍到的觀光客，看到這一奇特的名稱，總是充滿狐疑，其實，它可是金門地區的另一道傳統下午茶點心。

　　金門話稱滿煎糕為「滿煎ㄉㄜ」，要想吃滿煎糕，金城市區中興街上的滿煎糕小攤，可能是獨一無二的一間了。攤子的主人李素貞是古寧頭人，她表示，從曾祖父便開始製作滿煎糕，至今七、八十年，後來公婆接手，開始移到中興街販賣。她指指攤子上的黑色平底鍋，「這鍋子可是祖傳的，已有七、八十年歷史呢」！

滿煎糕的原料主要是麵粉,將麵粉加糖,與水和成麵粉泥,用小鋼杯淋到圓形平底鍋,烤煮三鐘後,再灑上一把花生粉、芝麻粒,再過三分鐘後,麵皮對折起鍋,切成塊狀後,就是甘甜不油膩的滿煎糕。一片滿煎糕可切成七、八塊,要價四十元,價錢不貴,卻可以供數人充饑解饞。

李素貞指出,她賣的滿煎糕,一片四十元,十多年來沒漲價。花生是最早、最原始的口味,也是賣得最好的,除花生外,還有紅豆口味、鹹蘿蔔口味。外皮軟Q,內餡香甜,滿煎糕的滋味讓人難忘。

走過中興街的小攤,迎面而來的是起鍋的陣陣熱氣,以及淡淡的甜香,下午二點攤子開張,一直持續到下午六點,想嚐點不一樣道地美食點心的外地客,不妨前往一試。

（2007/02）

金門民宿尖兵——黃美玲

　　個性灑脫、投身旅遊業多年的黃美玲，參與金門國家公園民宿競標，於去年四月得標，地點為珠山「大展部」（鄉人稱「王月裡宅」）。

　　黃美玲表示，金門國家公園去年整修公園範圍內的十多棟傳統古厝，並招標經營，計有十五棟，包括：瓊林三棟、水頭九棟、南山一棟、珠山二棟。這些國家公園範圍內的民宿陸續經營後，一定會對地區原有的民宿業者產生衝擊。

　　黃美玲也認為二者確實不太公平，不過，她仍然肯定金門國家公園將傳統古厝推動做為民宿的作法，也相信在這種刺激、競爭下，一定會提昇地區的民宿水平。

　　黃美玲說，她標到的珠山民宿「大展部」，建於清同治年間，為雙落雙護龍建築，由於屋齡甚久，坍塌嚴重，金門國家公園花費約新台幣七百萬元，方才整修好。

　　黃美玲是以交朋友的心態去經營民宿，業績如何不太在意，為了讓客人充份感受金門之美，為了有更多的體力陪客人上山下海，所以，一周只接三天客人，因為，「屋子也需要休息啊」！

　　為了保持品質，黃美玲堅持不降價，一個人八百元，面對其他家已悄悄降價為一個房間六百元，她依然不以為意。早上提供廣東粥、油條、海蚵麵線等，晚上則有免費茶飲、高粱酒，為了讓客人盡興，她安排燈籠彩繪、夜遊珠山、珠山導覽等活動，也帶動珠山村的消費。雖然合約只有一年，讓業者不敢大手筆投資，黃美玲仍然給它花下去，花了九十多萬元充實設備，連阿嬤的私家紅眠床，她都搬了出來，「我希望讓客人有家的感覺」，黃美玲笑著說。

　　黃美玲不喜歡水頭，反而喜歡不太喧鬧的珠山，她表示，珠山的人文內涵其實很豐富，尤其交通部長郭瑤琪的母親、台北市社會局長薛承泰都是珠山人，珠山發光發亮，指日可待。

　　黃美玲指出，「大展部」原名「王月裡宅」（因為權狀是王月裡的），珠山人則因為該大宅門前有長圍牆，而稱為「圍牆內」，該大宅係珠山薛紹禮興建的，它也是前往菲律賓經商的珠山人中，第一批匯錢蓋成的。原本雙落雙護龍的大宅，於民國初年，因僑匯

中斷，薛家人不得不拆右護龍建材去賣，以度生活，另外，門前原本也有轎廳、後側還有花園，可惜後來都未復原。

（2007/02）

辛苦育女的單親媽媽

「我沒有爸爸，但是我有舅舅」，當村人問起二個小女兒為何沒有爸爸時，女兒們總是懂事的回答，離婚後返金定居的阿珠，最怕聽到鄉里的這些流言蜚語、異樣眼光，很長的一段時間，她與村民隔絕，現在，她找到工作，也漸漸勇敢走出失婚的夢魘。

由於姐姐也離婚，並返回娘家依親，加上家貧，部分好事的村民有時會取笑她父母，「怎麼兩個女兒都這樣」？不僅讓父母承受很大的社會壓力，也讓返金尋求庇護的阿珠曾經相當怨恨，有很長的一段時間選擇封閉自己，不與村民打交道。

阿珠是在高中畢業時，和離婚的老公相識。

阿珠說，那時，父母不想讓她到台灣去，怕一去不回，因此要求留在金門。她幫著母親到村子口外的海邊「擎」蚵，認識在海邊當兵站哨的老公。

老公退伍後，她也跟著到台灣，並且結了婚。阿珠笑笑說，父母親千盤算萬盤算，還是算錯了，強將她留在身邊，但她還是跟著老公遠走。

結婚後，她才發現老公有毒癮。阿珠表示，在金門與老公交往時，她也約略聽說老公過去曾因吸毒被勒戒，原本以為已經勒戒成功，沒想到還是未能逃脫吸毒惡習。兩個女兒相繼出生後，老公的毒癮越來越強，進進出出監獄多次，根本無法照顧家裡，老公有若無，隻身扶養孩子的她，相當辛苦，長痛不如短痛，雙方便決定離婚。

在台灣舉目無親，阿珠帶著二個年幼的女兒，選擇返回故鄉金門，沒想到，自己的姐姐也因婚姻失敗，帶著孩子返回金門。但因為社會壓力太大，姐姐將孩子留在金門後，又逃回台灣。

返金後，工作難找，加上小孩還小，只能待在娘家照顧小孩，偶而幫幫當臨時工的母親，母親也會給她一點零用。

阿珠說，村裡的鄉親，有的好意關心，有的嘴巴卻很壞，家裡從小就窮，部分人本來就看不起她們，現在看到失婚的二姐妹，講話更毒，「怎麼兩個女兒都這樣」？常常搞得父母相當不舒服。剛開始，她不知該如何面對，只能選擇逃避，後來，她覺得，即使是

失婚又如何？也不是甚麼罪過，因此，只要有人講，她便狠狠回瞪過去，外加一句，「關你屁事」！

不過，也有的村人很好心，擔心她沒工作、沒收入，還會問她需不需要幫忙介紹工作，讓她感到溫暖。而兄弟們的扶攜照顧，也讓阿珠有了在面對社會的勇氣。

二個女兒很懂事，有的人不禮貌，會笑她們：「妳們沒有爸爸」，女兒總會不以為意的回答：「我沒有爸爸，但有舅舅」！

阿珠表示，失婚後，經濟壓力她還可以承受，但是，社會異樣的眼光，才更讓她難過。為了避免妹妹們重蹈她的覆轍，她總會再三提醒妹妹們，選老公時眼睛要放亮。

現在的阿珠，已在餐飲店找到一份二萬元月薪的工作，她說，雖然待遇不高，但她很感恩，也會好好活著，將兩個女兒撫養長大。

（2007/06）

福建金門人董麗

　　雖然十多年前，董麗一家十多口歷經辛苦才得以依親落戶金門，但五十年次、現年四十五歲的董麗，為了家人未來發展，仍然決定重回大陸，再創事業。

　　董麗的父親為古崗人，民國三十五年從軍，遠調東北征戰，後來娶妻生子、成家立業，從此滯留大陸。兩岸開放後，在金門親戚的奔走下，董麗一家與父親、姐弟十餘人返金落籍，和金門親友團聚。

　　董麗在福建沙縣出生，沙縣係以小吃出名，原在大陸紙廠工作，吃的是公家飯，她笑說，與丈夫小孩來金門前，本以為可以享福，特別訂做多套套裝，把破舊工作服全扔了，沒想到來金後，為了生活，只能養雞、下田幹活，訂做的一件件漂亮套裝，都沒機會穿，讓她傻眼。

　　董麗的姐姐在金門拼命工作賺錢，累積資金後，返回大陸買下飲料工廠，生意越做越大，讓在金養雞多年，卻獲益有限的董麗，不免有「有為者亦若是」的感嘆，加上大陸親友多，小孩高中畢業後要唸大學，去台灣不如回大陸，因此，決定全家再度遷回大陸發展。

　　愛說笑的董麗，談起民國五十四年發動、為期十年的大陸文革，當時大陸社會的瘋狂情形，記憶猶深。

　　董麗表示，那時候要背熟「毛語錄」、毛澤東寫的「老三篇」（為人民服務、愚公移山、紀念白求恩），走在路上，有時民眾還會點名抽背。

　　文革期間，每次大夥都要「憶苦思甜」一番，由村中長者哭訴以前國民政府時期生活多苦，現在的生活多好；還會講授「十粒米一條命」的故事，痛斥地主、資本階級如何虐待無產階級、中下工農，「十粒米一條命」係講惡地主為收地租，將農家的口糧都收刮一空，小孩因餓極了偷抓一把米吃，結果被活活打死，死時手中還抓了十粒米。

　　文革搞個人崇拜，毛澤東幾被神化，「大海航行靠舵手，萬物生長靠太陽，雨露滋潤禾苗壯，幹革命靠的是毛澤東思想」，「爹

親娘親不如毛主席親，天大地大不如黨的恩情大」，一字一句唱和的是，當年大陸民眾對毛澤東的瘋狂崇拜。

那時候，全國紅衛兵大串連，上北京見毛主席，只要以此做藉口，任何車輛都可硬上，不能拒載，許多學生見了毛澤東更是激動興奮得痛哭。綁著辮子的董麗，談起這段往事，不禁失笑。

由於父親的國軍背景，因此文革期間被打為「走資派」，遭受批鬥。不僅受到苦刑，還遊街示眾，下放農村。遊街時，要敲鑼打鼓，自己大聲喊：「我是牛鬼蛇神」！「我是走資派」！

大人開批鬥大會時，父母親會將他們小孩鎖在房內，以免看到殘酷的鬥爭現場。有一次，房門沒鎖好，董麗溜出去見著了批鬥場面，驚嚇不已。雖然往事已遠，卻依然印象深刻。

辭去大陸公家工作，依親金門後，過去吃大鍋飯、生活不豐但也無虞的一家人，面臨到的是有做才有吃的市場競爭，一時間，適應不易。金門適合的工作難尋，丈夫只能打打零工，董麗則將就闢地養雞謀生。

剛來金門，因為輩份高走在古崗村，村民總會稱呼她一聲「姑婆」，連比她年長的也不例外，讓她有些訝異，董麗說，在福建沙縣老家，就如老毛講的，「大夥來自五湖四海」，縣城裡百家姓各色人都有，不像古崗村以董氏宗親為主，因此，天天被叫姑婆還是頭一遭。

對於金門吃酒席「雜菜」的習慣，起先董麗也不習慣。董麗指出，有一次，鄉親拿了一大包喜宴吃剩的「雜菜」給她，她心裡還納悶，怎麼會送這種大夥吃剩的東西給她，難不成是認為大陸人三

餐都吃不飽，連剩菜也要？後來才知道，「雜菜」滋味鮮美，好吃極了，若不是至親好友，一般人還分不到的。

不過，董麗對部分金門鄉親對大陸新娘有成見、不信任不以為然，她表示，很多大陸新娘都來自大陸大城市，較金門熱鬧進步許多，見過的世面，不會比金門在地人少，如果還歧視大陸新娘，她認為只是突顯「井底蛙」的島地心態。大喇喇的董麗說，有一次，小孩回家抱怨，同學排斥他，不跟來自大陸的他玩耍，董麗一聽火大，找個機會，便往學校衝，也不管老師還在上課，「老師，借我一分鐘」，霹靂啪啦便向對方說了一頓，從此，學校同學便不敢再歧視董麗的孩子們。

在金門做工、養雞一直沒搞出名堂的董麗夫妻，眼看著姐姐由金門回大陸投資，生意越做越大，不免心動。再加上董麗孩子們即將面臨升讀大學問題，如果前往台灣唸大學，不僅學費不便宜，台灣也不如金門、大陸親切，因此，幾經考量後，決定再度返回大陸。

「到廈門時，沒地方就來我家住啊」，電話那頭姐妹淘好意邀請，董麗說，當年她落戶來金門時，讓許多姐妹淘羨慕，多年後，因大陸改革開放，不少姐妹淘抓對機會，成就非凡，有房又有事業，反倒讓她欽羨起來，她摩拳擦掌，已準備返回大陸好好拼個幾年，希望也能闖出一點名堂。

後記

　　過去採訪新聞時，就對報導小人物的故事特別感興趣。除了他們往往有讓人驚訝的生命履痕、人生智慧，也因為這一篇報導，常常是他們唯一的一次受訪、登報機會，他們覺得珍貴，我也深覺意義非凡。

　　從大學機械系、到大陸研究、再到投身新聞媒體工作、文藝創作，我的學習過程，從理工到人文，求學方向歧異相當大，但每一過程，都是難得的經驗。

　　「金門金女人」，是我擔任《金門日報》採訪工作時，自我規劃的採訪專題，很感謝金門日報社編輯們保留一處滿足我發表慾的園地。

　　關於「金門金女人」的源起，那是在與文友閒談時的發想。我們談到，台灣出了一本《台灣真女人》的書刊，金門女人歷經夫婿落番、戰亂流離、砲戰烽火、戰地政務、赴台打拼，可以説就是堅韌母島的最好寫照，在那個烽火連天的歲月，一肩扛起一家的溫飽，偉大絕不下於台灣女人。

　　於是我動念為母島的女人們，紀錄她們的心路歷程，見證她們的偉大。

　　採用金門「金」女人之詞，除了與台灣「真」女人有異曲同功
之效，更可以突顯「金」門特色。而且，「金」字，有尊崇之意，
表示有其值得尊敬之處。

　　傳統的社會，男人是天，因此，在以男人發言為主的金門社會
中，我們很難得可以仔細端詳這些女性的容顏，很少有機會可以聆
聽她們內心深處的聲音，在金門的綿延歷史記載中，她們的面貌是
模糊的，她們的言語近乎無聲，即便走完人生旅途，長長的訃文
中，有時也看不到她們的名字。

　　金門的確欠這些為家庭付出的金門女性一個公道。

　　因此，利用在《金門日報》採訪新聞的機會，我決定這一寫作
主題，希望去挖掘更多被忽略的小人物心聲。

　　不論是老一輩的、中生代的，或是年輕一代的金門新女性，她
們都是金門的「金」女人，都有可歌可泣的一面與故事。

　　《金門『金』女人》這本書，主要是當年我同名採訪專欄的成
果彙整，全書以金門女性為書寫對象，希望由不同的觀點照見金
門，也希望藉此，向金門的偉大女性們致上最高敬意。當然，還有
好多值得大書特書的金女人，因為未及採訪，成為遺珠，希望未來
有一天有機會繼續為她們，包括大陸及外籍新娘，書寫屬於她們的
故事。

　　這本書能夠結集出版，首先要感謝金門縣文化局的補助、評審
委員的厚愛，更要謝謝文壇前輩陳長慶大哥的督促、提攜，讓這本
書得以及早付梓。衷心期待，有更多鄉親，加入書寫的行列，寫出
屬於金門人的真情故事。

國家圖書館出版品預行編目

金門金女人：浯島女性臉譜書寫 / 陳榮昌著. --
一版. -- 金門縣金城鎮：陳榮昌出版；
2010.07
面；　公分. -- （史地傳記類；ZC0010）

BOD版
ISBN 978-957-41-7347-1（平裝）

1.女性傳記　2.福建省金門縣

782.631　　　　　　　　　　99013226

史地傳記類　　ZC0010

金門金女人
——浯島女性臉譜書寫

贊 助 單 位 / 金門縣文化局
出　版　者 / 陳榮昌
作　　　者 / 陳榮昌
執 行 編 輯 / 黃姣潔
圖 文 排 版 / 賴英珍
封 面 設 計 / 蕭玉蘋
數 位 轉 譯 / 徐真玉、沈裕閔
圖 書 銷 售 / 林怡君
法 律 顧 問 / 毛國樑　律師
印 製 銷 售 / 秀威資訊科技股份有限公司
　　　　　　台北市內湖區瑞光路583巷25號1樓
　　　　　　電話：02-2657-9211　傳真：02-2657-9106
　　　　　　E-mail：service@showwe.com.tw
經　銷　商 / 紅螞蟻圖書有限公司
　　　　　　台北市內湖區舊宗路二段121巷28、32號4樓
　　　　　　電話：02-2795-3656　傳真：02-2795-4100
　　　　　　http://www.e-redant.com

2010 年 7 月　BOD 一版
定價：230 元

讀 者 回 函 卡

感謝您購買本書,為提升服務品質,煩請填寫以下問卷,收到您的寶貴意見後,我們會仔細收藏記錄並回贈紀念品,謝謝!

1.您購買的書名:＿＿＿＿＿＿＿＿＿＿＿＿＿＿＿

2.您從何得知本書的消息?

　　□網路書店　　□部落格　　□資料庫搜尋　　□書訊　　□電子報　　□書店

　　□平面媒體　　□ 朋友推薦　　□網站推薦　　□其他＿＿＿＿＿＿

3.您對本書的評價:(請填代號　1.非常滿意 2.滿意 3.尚可 4.再改進)

　　封面設計＿＿＿　　版面編排＿＿＿　　內容＿＿＿　　文/譯筆＿＿＿　　價格＿＿＿

4.讀完書後您覺得:

　　□很有收獲　　□有收獲　　□收獲不多　　□沒收獲

5.您會推薦本書給朋友嗎?

　　□會　□不會,為什麼?＿＿＿＿＿＿＿＿＿＿＿＿＿＿＿

6.其他寶貴的意見:＿＿＿＿＿＿＿＿＿＿＿＿＿＿＿

＿＿＿＿＿＿＿＿＿＿＿＿＿＿＿＿＿＿＿＿＿＿＿＿＿

＿＿＿＿＿＿＿＿＿＿＿＿＿＿＿＿＿＿＿＿＿＿＿＿＿

＿＿＿＿＿＿＿＿＿＿＿＿＿＿＿＿＿＿＿＿＿＿＿＿＿

讀者基本資料

姓名:＿＿＿＿＿＿＿＿＿　　年齡:＿＿＿＿　　性別:□女 □男

聯絡電話:＿＿＿＿＿＿＿＿　　E-mail:＿＿＿＿＿＿＿＿＿

地址:＿＿＿＿＿＿＿＿＿＿＿＿＿＿＿＿＿＿＿＿＿

學歷:□高中(含)以下　　□高中　　□專科學校　　□大學

　　　□研究所(含)以上 □其他＿＿＿＿＿＿＿

職業:□製造業 □金融業 □資訊業 □軍警 □傳播業 □自由業

　　　□服務業 □公務員 □教職　　□學生 □其他＿＿＿＿＿

秀威與 BOD

BOD（Books On Demand）是數位出版的大趨勢，秀威資訊率先運用 POD 數位印刷設備來生產書籍，並提供作者全程數位出版服務，致使書籍產銷零庫存，知識傳承不絕版，目前已開闢以下書系：

一、BOD 學術著作—專業論述的閱讀延伸
二、BOD 個人著作—分享生命的心路歷程
三、BOD 旅遊著作—個人深度旅遊文學創作
四、BOD 大陸學者—大陸專業學者學術出版
五、POD 獨家經銷—數位產製的代發行書籍

BOD 秀威網路書店：www.showwe.com.tw
政府出版品網路書店：www.govbooks.com.tw

永不絕版的故事・自己寫・永不休止的音符・自己唱